不愿写！不会写！写得慢！

孩子不爱写作业，
妈妈怎么办？

鲁鹏程◎著

北京理工大学出版社
BEIJING INSTITUTE OF TECHNOLOGY PRESS

图书在版编目（CIP）数据

不愿写！不会写！写得慢！孩子不爱写作业，妈妈怎么办？／鲁鹏程著. —北京：北京理工大学出版社，2019.7

ISBN 978 - 7 - 5682 - 6981 - 0

Ⅰ.①不… Ⅱ.①鲁… Ⅲ.①儿童教育–家庭教育 Ⅳ.①G781

中国版本图书馆CIP数据核字（2019）第078089号

出版发行／北京理工大学出版社有限责任公司
社　　址／北京市海淀区中关村南大街5号
邮　　编／100081
电　　话／（010）68914775（总编室）
　　　　　（010）82562903（教材售后服务热线）
　　　　　（010）68948351（其他图书服务热线）
网　　址／http://www.bitpress.com.cn
经　　销／全国各地新华书店
印　　刷／三河市华骏印务包装有限公司
开　　本／710毫米×1000毫米　1／16
印　　张／13　　　　　　　　　　　　　　　　　责任编辑／李慧智
字　　数／135千字　　　　　　　　　　　　　　　文案编辑／李慧智
版　　次／2019年7月第1版　2019年7月第1次印刷　责任校对／周瑞红
定　　价／36.00元　　　　　　　　　　　　　　　责任印制／施胜娟

图书出现印装质量问题，请拨打售后服务热线，本社负责调换

前言

　　你的孩子爱写作业吗？在辅导孩子写作业这件事上，你遇到过什么困难吗？是否有无奈、生气、力不从心、难以自控甚至想放弃的感觉？

　　辅导孩子写作业，几乎是每一位家长不得不面对的一件大事，所以要特别重视，而且方法要行之有效。否则，孩子可能就养不成良好的写作业习惯、学习习惯，进而无法取得好的成绩……

　　曾有一则新闻报道：一位妈妈陪孩子写作业，急到心梗住院，做了两个支架。这则报道引起了社会广泛的关注，尤其是妈妈们的热议，其中有一位妈妈就评论说："此刻我正光荣地躺在急诊室急救，病因是脑出血，我深刻怀疑就是写作业弄的，请不要再让我陪他写作业！"可见，陪孩子写作业太容易动"真情"，陪出毛病的，大有人在。

　　难怪有人总结说，现在有一种发病范围最广、危害性最大的疾病——"陪孩子写作业综合征"，主要表现为：吼叫、打骂、撕本子、拍桌子等一系列无法自控的肢体动作，患者自述头痛、胸闷、憋气、眼冒金星，严重时可发生心梗、脑梗，危及生命。

　　这当然有一种戏说调侃的感觉，但确实有一定的道理存在其中。

　　面对辅导孩子写作业这件事，有的妈妈可能认为：我们自己小时候也没人管啊，谁辅导我们写作业了，成绩不是照样挺好的吗？

　　我想，今天的教育环境跟二三十年前有很大不同，所以，不要把自己的成长经历套用在孩子身上，不要认为自己小时候没人辅导写作业，学习成绩照样很好，就对自己孩子的作业不管不问。这样的想法是欠妥当的。为什么？因为二三十年前大家对孩子的作业、学习都是"放养"的状态，而且知识内容相对也比较简单。今天我们如果还是按照这个思维去培养孩子，在孩子小时候也不去辅导他写作业，可能会产生一些问题——孩子跟不上老师的教学进度、成绩不如别的孩子好、自信心下降，严重的甚至逃避上学……

　　所以说，陪伴在孩子的成长过程中非常重要。如果我们从最初就"缺位"于这个陪伴，很可能会错过孩子学习习惯、亲子关系培养的最好时机。其实，父母辅导初入学或小学低中年级的孩子写作业是一种义务，也是一种责任。

　　目前，国内实际情况是陪伴、辅导孩子的大部分是妈妈，所以，我在"辅导孩子写作业"这主题中主要会提妈妈这个角色，教妈妈如何有效辅导孩子写作业。但实际上，这些内容，爸爸也可以完全参考。我非常希望爸爸们能参与进来，多辅导孩子，多陪陪孩子！

　　在我看来，"辅导孩子写作业"，还只是一个比较抽象的行为陈述，而面对孩子在写作业过程中出现的各种问题我们如何应对，才是更重要、更具体、更细节、更值得我们下大功夫的关键所在。

　　写作业是孩子的本分与"天职"，因为这就是他学习的一部分。遗憾的是，很多孩子都不爱写作业，总是试图与作业、父母、老师做各种"周旋"，背后的原因值得探究。作为妈妈，既要发现常见的各种原因，也要弄清楚那些容易被我们忽视的原因，还要善于应对。只有找到应对方法，才能"对症下药"，最终"药到病除"。

但有一点要注意，就是对孩子尽量做到不吼叫、不否定、不苛责、不呵斥、不任性恣意地批评……因为这些"动作"不仅没有任何积极、正面的效果，反而会让孩子更加无心写作业，可谓"欲速则不达"。

再就是孩子在写作业时出现的一系列比较严重的问题，也特别值得关注，比如：写作业总是拖拖拉拉、磨磨蹭蹭；写作业时边玩边写，不能专心；写作业时粗心大意、不认真；写作业时不懂得思考、不愿意思考……这就需要妈妈努力做到这几点：想办法调动孩子自觉写作业的积极性，教孩子掌握时间管理技巧，引导孩子集中注意力写作业，教孩子彻底解决写作业粗心大意的问题，培养孩子写作业爱思考的好习惯……

最后，妈妈还要遵循辅导孩子写作业的几个特别重要的原则，从而让孩子爱上写作业，让写作业这件事变得更轻松、更高效，让妈妈辅导孩子写作业这件事也变得更省心、更省力。最终，让亲子关系更和谐、更融洽，也让孩子爱上学习、大幅度提高学习成绩。

我特别期待有这样的效果出现！

上述关于孩子写作业出现的所有问题与应对方法在本书中都有详细的分析。希望这些方法让您和孩子都在实践中受益！祝福您和您的孩子！

鲁鹏程

2018 年 12 月

目 录

第一章 孩子不爱写作业，妈妈怎么办？
—— 探究孩子不爱写作业的原因

写作业是孩子的本分与"天职"，因为这就是学习的一部分。就像我们成人，工作是我们的本职，必须尽心尽力做好。可是，今天的很多孩子，都不爱写作业。在写作业这件事上，孩子总是试图与作业、父母、老师做各种"周旋"，所以写得也就格外不顺利。但是，凡事都事出有因，孩子不爱写作业也不例外。作为妈妈，也要努力探究孩子不爱写作业背后的具体原因，并找到应对方法，如此才能"对症下药"，最终"药到病除"。

第二章 妈妈不吼叫，孩子更主动
—— 如何调动孩子自觉写作业的积极性

很多孩子不爱写作业，很正常，因为写作业比较累、比较辛苦，谁都有惰性，都愿意轻松，就像成人，如果有可能，是不是也不想工作呢？孩子不爱写作业，也是一样的道理。加上之前可能也没有建立起孩子写作业的意识，没有培养起孩子写作业的良好习惯，所以，除了天生的学霸之外，孩子不爱写作业也就比较正常了。所以，做妈妈的应该理解这件事。但理解归理解，还要想办法调动孩子自觉写作业的积极性，这有一个大前提——妈妈不吼叫，孩子更主动。

第三章　写作业拖拖拉拉，怎么办？
——掌握时间管理技巧，写作业又快又好

孩子写作业慢、拖拖拉拉、磨磨蹭蹭这件事，已经让很多妈妈越来越抓狂，任你嗓门"高八度"、大吼大叫，孩子完全不为所动，他依旧是慢慢悠悠地"牵着蜗牛散步"。还有很多孩子平时做事雷厉风行，风风火火，很有效率，但就是写作业慢慢腾腾、拖拉磨蹭，一点都不带着急的，说了多少次也不管用，软硬好像都吃一点点，但长期下来却没有什么效果。怎么办？还是要想办法教孩子学会掌握时间管理技巧，从而让他写作业又快又好。

第四章　边写边玩不专心，怎么办？
——应对写作业注意力不集中的好方法

有的孩子在写作业的时候总是边写边玩，或因种种原因而不能全神贯注、精力集中地投入写作业中去，其中固然有孩子的问题，比如不懂得如何集中注意力去学习、读书、写作业等，或者他连专注的基本意识也没有；还有可能是妈妈的原因，比如不能给孩子营造一个安静的写作业环境，或者总是想监督孩子，甚至是以爱的名义去打扰孩子，破坏孩子的专注力……无论是哪种情形，都需要做出相应改正，教孩子学会集中注意力。

第五章　写作业马马虎虎，怎么办？
—— 全方位攻克写作业粗心大意的难题

　　粗心大意是很多孩子身上不容忽视的问题，在写作业方面表现得尤为突出，总是会因为粗心而出现少写、错写的等情形，成为影响学习成绩的重要因素。如果孩子写作业不能减少或杜绝此类情形，那他就容易养成粗心的坏习惯。所以，要充分了解孩子在写作业时的粗心表现，找到背后的原因，再开动脑筋想一些切实可行的应对措施来帮他改掉这个毛病，使他能认真地对待作业。

第六章　写作业不爱思考，怎么办？
—— 培养孩子写作业爱思考的好习惯

　　有一些孩子在写作业遇到问题时不爱思考、懒得去回忆老师讲的、复习翻看课本、查阅专业工具书等，不是对妈妈有各种依赖，就是试图通过网络搜索甚至付费来求得作业答案。无论是哪种情形，对孩子的作业、学习、成长都是不利的。所以，妈妈要想办法培养孩子写作业爱思考的好习惯。不妨从自己做个"甩手掌柜"开始，再尝试培养孩子的创造性思维，教给他一些具体、高效的思考方法，也要注重培养孩子与思考能力相关的想象力。

第七章 让孩子成绩暴涨的写作业法

—— 妈妈辅导作业要遵循的几个原则

　　孩子写作业离不开妈妈的有效辅导。但妈妈辅导孩子写作业并非一件想当然的事，而是有一些原则需要遵循，比如：怎样做才能高质高效地陪孩子写作业？帮孩子检查作业要执行的"三做三不做"原则是什么？如何引导孩子重视老师对作业的批改？需要再厘清哪些重要问题以解妈妈之惑？作为高效率写作业的核心术，作业四步法到底是什么？这些都值得妈妈好好思考、用心体悟、有效实践，从而让孩子通过写作业来大幅提升学习成绩。

第一章

孩子不爱写作业，妈妈怎么办？

——探究孩子不爱写作业的原因

　　写作业是孩子的本分与"天职"，因为这就是学习的一部分。就像我们成人，工作是我们的本职，必须尽心尽力做好。可是，今天的很多孩子，都不爱写作业。在写作业这件事上，孩子总是试图与作业、父母、老师做各种"周旋"，所以写得也就格外不顺利。但是，凡事都事出有因，孩子不爱写作业也不例外。作为妈妈，也要努力探究孩子不爱写作业背后的具体原因，并找到应对方法，如此才能"对症下药"，最终"药到病除"。

烦、烦、烦！我就是不想写作业！

——孩子不爱写作业的常见原因

孩子不爱写作业，原因有很多，其根源，或者来自孩子，或者来自父母。这两点，我们一般都可以操控得了。所以，对于孩子不爱写作业这件事，我们也大可不必太过担心，只要用心找到其原因所在，再辅以正确有效的应对方法，问题也就基本能够解决了。

这里重点讲一下孩子不爱写作业的常见原因，一般不外乎以下几点：

第一，孩子课上学习不扎实，就会感觉作业太难。

一些孩子不愿意写作业，是因为感觉作业太难。之所以感觉作业难，是因为他课上学习不扎实，对知识掌握不足，而这背后又有多重因素。

比如孩子可能上课不专心，不能集中注意力听课，导致跟不上老师讲课的节奏而听不懂课程内容。

或者说因为孩子没有提前预习，所以对老师讲的内容不能完全吸收、消化。

又或者是孩子平时很放松，课后也不及时复习，不能有效掌握所学内容。

再就是孩子平时可能提前学了，以至于认为课程简单而不用心去听，并且已经养成某种习惯，导致老师在讲新内容或扩充内容时孩子没有认真听课的意识，自然也就难以掌握课程知识要点……

这些都是导致孩子课上学习不扎实的原因，那与其相应的，就是感觉作业太难。而这就需要我们后续引导、辅导都跟上。

比如：提醒孩子在课堂上专心听讲，把当时没听懂的地方记下来，下课后可以问问同学，也可以直接去找老师，请老师再给讲解一遍；教孩子学会课前预习，将不太明白的内容先标示出来，等老师讲课时重点听一下，如果依旧不明白可以找老师讨论；如果孩子还是不懂，我们也可以在家再次进行有针对性的辅导；等等。

当孩子清除了学习道路上"不扎实"这个障碍后，作业对他也就不是难事了。尤其是当他第一次在自己完全理解知识的前提下独立完成作业后，会觉得很开心。"好的开始是成功的一半"，以后也就会更顺利了。

第二，孩子不喜欢某一位老师，自然也就不愿意上那位老师的课，也不愿意写那一科的作业。

孩子都有自己的喜好，对老师也是如此。有的孩子很喜欢某位老师，就非常用心地去学习那门课程，如果不喜欢某位老师，就不爱学那位老师教的课程，自然也就不愿意写那门课程的作业。

所以，这就需要我们引导孩子喜欢上老师。我们要善于发现老师的优点、与众不同之处，比如老师虽然在课上很严厉，但却是为了孩子们好，平时在课下对学生还是非常和善、有爱心的。

再就是我们平时不要当着孩子的面议论老师，尤其是对老师进行负面评价更是不妥当的。因为原本孩子可能认为老师很好，但听父母这么一议论，可能也就对老师有了意见，从喜欢变成了不喜欢。这对孩子的学习成长是不利的。

第三，孩子可能对某一门学科不感兴趣，所以也就不爱写那门学科的作业。

对于喜欢的学科，孩子往往都会更愿意做这一科的作业，而且做得又快又好。不仅如此，他可能还会在完成分内作业之后再主动延长学习时间，自己再预习、复习或者进行拓展性学习，有的孩子甚至希望这一科能多留些作业。而对于不那么感兴趣的学科，孩子往往会能拖就拖，把这一科的作业放在最后，直到再没有其他事情可以做了，才会想起来写。可即便这样，他也并不会那么认真地去写作业，而是写写停停，不时玩一会儿别的，或者干脆又绕回到他喜欢的学科上去了。

如果孩子对某一学科不感兴趣，那么不管不顾地直接催促他，非要让他去完成这一学科的作业，在他看来就真的是一种强迫性的行为了。到头来，孩子感觉不愉快，我们可能也会觉得这种催促非常累。

所以，我们还是要放下"催促"这个武器，想办法提升孩子对不感兴趣学科的兴趣，让他愿意学习这门学科。

假如孩子不喜欢数学，那我们可以先了解一下孩子讨厌数学的根源：是听不懂？是记不住？还是不擅长？找到根源后，可以通过一些有趣的教学方法来帮孩子改善对数学的学习状态。比如：引导他把数学应用到生活中去，让他看看数学在生活中都有哪些重要作用；引导他发现数学的美丽，像是对称、互补、简洁、和谐等都是数学独有的魅力所在。当孩子发现数学也并不仅仅是那么枯燥的数字知识后，自然也会愿意去努力完成数学作业了。

另外，孩子不喜欢某一学科，还可能有其他原因，比如，他认为老师讲得不好，或者他是因为父母在某个学科上的态度而厌烦那个学科等。对于这些原因，不妨引导孩子换个角度看老师讲课，或者让孩子多关注学科知识、寻找令自己感兴趣的内容。如果父母不喜欢某门课程，就不要让自己的喜好影响孩子，比如不在孩子面前谈论这门课程的"好坏""有用与否"等，甚至检讨自己、努力发现这门课程的优势与必要性所在，再就此跟孩子交流一番。

第四，我们对孩子的期待太高，经常指责他，他就会感觉写作业这件事很痛苦，自然也就不愿意写。

很多妈妈出于所谓的"恨铁不成钢"，对孩子的期待值过高，以至于在孩子写作业这件事上有种"吹毛求疵"的感觉，经常对其有各种不满，所以大加指责，直接导致孩子感觉写作业异常痛苦，所以无论如何都不愿意写。

第五，孩子不知道课后作业的重要性。

刚上小学的孩子，可能并不知道课后写作业对他的学习是很重要的，意识不到作业和他的学习之间是有紧密联系的，也就不能意识到作业对他的真正意义。所以，妈妈要告诉孩子课后写作业的意义。

首先，给孩子讲讲作业与课上内容的关系。比如，找一道课后题让孩子做一下，让他体会作业和课上内容到底有怎样紧密的联系，从而明白作业对理解知识的重要性。

其次，引导孩子体会作业对他的帮助。作业不仅可以帮孩子理解课上内容，有的作业还带有拓展性，需要孩子动脑筋，对所学的知识能够做到举一反三，从而有效锻炼思维能力。

最后，提醒孩子不要因为作业而抱怨老师。老师布置作业，体现的是负责的教学态度和对孩子成长的关心与帮助。孩子写完作业，老师还要认真批改，不仅是批改一个孩子的作业，而是全班孩子甚至几个班级孩子的作业，遇到问题老师还要批注出来，更可能还要给个别孩子反复讲解。可见，老师非常辛苦，所以孩子要对老师心存一份感恩。

第六，受其他同学影响或模仿其他同学不爱写作业。

有的孩子因为"榜样效应"而不爱写作业。如果孩子班上的同学或者邻居的孩子不写作业，那么孩子很容易就会受其影响，他会认为"他们都不写作业，为什么偏要我写？我也不写"，结果受到"榜样"的影响，也同样不写作业了。假如那些孩子尽管没写作业或临时抄别的同学的作业但又没受到什么惩罚，那么孩子就会更加想要模仿了。

所以，妈妈要反复提醒孩子作业对他的重要意义；发现孩子有抄袭作业的行为要严厉制止，告诉他做作业的"搬运工"就白白浪费了大好的学习机会；对孩子多一些监督，但不要催促，不要长篇大论地去教育他。如此一段时间之后，孩子会发现他所推崇的不写作业、抄袭作业的行为在我们这里根本行不通，久而久之，他就会渐渐形成好好写作业的习惯了。

第七，有的孩子可能有书写障碍。

书写障碍，是一种学习能力障碍，是儿童视知觉能力相对落后造成的。个别孩子由于生理发育或者后天锻炼不足等因素的影响，而导致手部肌肉协调方面出现了问题，也会或多或少地存在这种书写障碍。

既然是写作业，孩子就必须动手来书写，如果孩子有书写障碍，就会导致他不能又快又好地完成书面作业。所以，我们不能因为看到孩子作业写得不好就生气、训斥、吼叫，而是应该了解一下他是否有书写障碍。

有书写障碍的孩子大概有以下常见特征：

书写困难，写字缓慢；

逃避书写；

抄写时间较长，需要看一笔写一笔；

经常多一撇少一画，抄写也能抄错；

字写得东倒西歪，笔画生硬、字体难看；

经常把字写到线格外；

不按笔顺写字，凑笔画；

用"画字"的方法写字；

不爱运动，平衡感不好；

握笔吃力、握笔姿势不良；

系鞋带、用筷子动作笨拙；

经常写镜像反字，左右颠倒、部首错置等。

如果孩子确实存在某种程度的书写困难，我们一定要尊重孩子的隐私，不宣扬；再就是加强各方面锻炼，改善孩子手部的协调性；可咨询专业人士，对孩子进行感统失调恢复性专业训练；还要想办法培养孩子书写的兴趣。

当然，这样的孩子也不会太多，所以我们也大可不必就断定自己的孩子不爱写作业一定是由于这方面的原因。

再有就是孩子不爱写作业已经成为习惯了，怎么说他都不爱写……

可见，孩子不爱写作业，原因还是很多的，需要我们仔细分辨清楚，以对孩子进行有针对性的帮助。

妈妈总是大吼大叫，真头疼！

——吼叫、批评、否定……孩子无心写作业

一些孩子不爱写作业，原因很大程度上与妈妈有关。因为有的妈妈看孩子写作业有不积极、不认真、出错等各种"不应该"的情形发生时，总是忍不住吼叫、批评、否定孩子，以致孩子无心写作业。

吼叫，已然成了很多妈妈"日用而不知""日用而不觉/绝"的一种坏习惯了。吼叫，具有某种黏性，一不留神就偷偷黏在妈妈们的"嘴边"，伺机"作案"。无论是面对孩子的生活琐事，还是在孩子读书写作业时，一些妈妈一开口，这个具有黏性的"吼叫"就会施展某种魔力，立马提升"话语"的力度与音调，试图震慑住孩子，试图让孩子听话。"告一段落"之后，它就又"乖乖潜伏"下来，等待妈妈们下一次冲孩子"发威"的机会……

比如，有的妈妈一到晚上、周末、假期等时间节点，就不得不开启一项新的功能——频繁地催促孩子写作业，家中也会经常回荡起"作业写了没有""赶紧写""重新写""这么简单都不会，你要气死我啊"之类的吼叫声。

还有的妈妈，一看到孩子慢吞吞地写作业，就会直接吼"快点"。虽然在某些时候，这样的吼叫可能会管点用，可大部分时候，类似的吼叫却可能让孩子不知道他该怎样快起来。尤其是对刚上小学的孩子，如果妈妈不把要求说清楚，那么他可能就完全不知道要怎么做。所以，即便是提醒孩子要快一点，也应该讲求方法。比如，可以说"稍微快一点，一行一行地抄，多看几个字再写，不要看一个字写一个字，更不要看一笔写一笔"，这是在告诉孩子应该怎么做，他也就真的会比之前快一点。

类似吼叫的行为还有不分青红皂白地批评孩子、呵斥孩子、否定孩子，把孩子在作业上的一点错误无限放大，认为孩子一无是处，全盘否定……结果，严重损害了孩子写作业的积极性、学习的上进心、做事的自信心，简直是有百害而无一利。当然，这并不是说孩子犯了错误，妈妈不能批评他，而是说即使是批评，也要讲方法、讲原则、看情形，而不是"小错放大""中错放更大""大错放无限大以至于不可饶恕"等。

要知道，无论是批评，还是否定，只要是无原则的、过度的、不问事实真相的，都是对孩子心灵的伤害。吼叫也是如此。因为这些所谓的"教育方式"是无效的，所以要禁止。

按道理来讲，妈妈原本应该是孩子最愿意亲近的人，妈妈的音容笑貌也是孩子铭记内心最珍贵的礼物，可是，如果孩子面对的是一个整天冲他大吼大叫、否定呵斥、批评苛责的妈妈，恐怕也会"别有一番滋味在心头"。

　　妈妈的吼叫中充满了怒气、抱怨，充满了对孩子的种种不满，但却唯独没有解决问题的方法。孩子耳中的吼叫，全是对他的否定，对他未来的负面预言。接收了太多这样的信息，孩子要么变得毫无自信，凡事不敢自我决定，不敢努力尝试；要么就变得对学习无所谓，反正也不过就是被吼一顿，没有任何实质的改变。

　　明代苏士潜在《苏氏家语》中说："孔子家儿不知骂，曾子家儿不知怒，所以然者，生而善教也。"孔子、曾子教育孩子不骂，不怒，以至孩子连什么叫骂、什么叫怒都不知道。可见，圣贤子弟，其成长环境和受到的教育跟常人是不一样的：家里没有吼叫，没有打骂，没有吵闹，没有愤怒……有的只是"善教"——父母懂教育，会教育，既善于教育，而且还教孩子向善。

　　能让孩子"不知骂""不知怒"是不是妈妈的一种修养？体现的是不是教育者的一种自我控制能力？当然是。可遗憾的是，今天很多妈妈对孩子的教育特别性急，心不平气不和，经常发怒，大吼大叫，难以自控。

　　不吼不叫的家庭，才是能够正常开展教育的家庭。妈妈不吼叫，意味着可以更冷静地去看待孩子的种种变化，意味着可以从孩子的各种表现中看到他的身心成长，在这样的前提下去给出建议、意见，送上帮助，才会让他有所收获。

　　没有什么教育内容是必须靠吼叫才能进行下去的，倒不如说，所有的教育内容，包括孩子写作业这件事在内，其实都不需要吼叫。作为妈妈，需要积累一些更合理的教育智慧，丢掉吼叫，学习以不吼叫的方式应对孩子的问题，让孩子在正常的教育之下健康成长吧！

　　如果你的孩子原本不出色，写作业确实也存在一些问题，那么当你丢掉吼叫，选择更适合他特点的平和的教育方式、指导方法，你会发现他将会比之前做得更好，他未来的写作业、学习也就有了更多向好的可能。

还是慢慢写，磨蹭一会儿好！

——孩子写作业总是拖拖拉拉、磨磨蹭蹭

一些孩子在写作业的时候，写得非常慢，总是拖拖拉拉、磨磨蹭蹭，在排除孩子有书写障碍之后，他有如此表现背后的原因又是什么呢？

除了前面第一节提到的各种"常见原因"之外，在这里我想再深入挖掘一下妈妈们可能还没有意识到的几个重要原因。

第一个重要原因：妈妈可能给孩子安排有其他作业或课程，他写完作业也没有玩儿的时间。

有一位妈妈就发现这样一件事：她上三年级的女儿本来写作业很快，很有效率，但最近写作业很慢，并且是突然变慢的，好像总也写不完，不知道是什么原因。

这位妈妈就通过网络向我咨询。

经过了解我才发现，原来是这位妈妈最近喜欢上了书法和美

术，结果就给女儿也安排上了写毛笔字、画画的额外练习。我认为原因就在这里。

果然，她的女儿后来也证实了这一点，她说："写完作业后妈妈就给我布置了别的作业，我感兴趣的手工制作都做不了了，干吗写那么快？还是边写边玩好，熬到时间就洗漱睡觉了。"

这个孩子的表现就是消极怠工或磨洋工（出工不出力）。就像成人在单位工作一样，如果高效完成一件事后又被领导安排做别的，甚至去帮助做得慢的同事，而在薪资待遇、职位上又没有什么变化，一般人会怎么处理呢？你又会怎么处理呢？

孩子也不傻，他也会规避一些问题，从而使自己处于舒适区当中。

有一份对 245 名小学生的调查，结果显示，40% 的小学中高年级的家长会给孩子布置额外的家庭作业，而学生中还有 50% 的孩子需要做课外辅导班布置的作业，再加上学校布置的作业，可想而知，孩子会带着怎样的情绪去完成这些作业？他还有多少时间可以自由支配？还有什么能成为他不磨洋工的动力？

所以，做妈妈的要对作业进行比较客观的评估，除学校留的作业外，尽量少或不给孩子布置额外的作业，要给他留出玩儿的时间，写完学校留的作业后就允许他去玩儿，自由玩耍或户外运动，阅读，或者是做他感兴趣的一些事，不然他就会故意磨蹭，反正写完也不能玩儿，还不如在书桌前胡思乱想、发呆更好。

一定要让孩子看到玩儿的"希望"，有希望才会有动力、有干劲呀！

我曾看到一位很有智慧的爸爸这样跟不情愿写作业的儿子沟通：

爸爸：儿子，作业很难吗？为什么坐在桌子前半天了还不动笔？

儿子：作业太多了！感觉写不完！不想写！

爸爸：是吗？那你感觉需要多久才能写完？

儿子：这么多，得3个小时吧！

爸爸：我看看，这样，我们做一个"时间存折"吧！

儿子："时间存折"？怎么做？时间怎么存？

爸爸：这样，用这个本子。你说需要3个小时做完作业，我们做做看，如果你1个小时就完成了，那剩下的两个小时，我们就存在这个本子上，把这个剩余的时间存起来，作为你周末自主支配的玩耍时间。你看怎么样？

儿子：好啊！

爸爸：那能存多少，你自己努力吧！

儿子：爸爸，我果然只用1个小时就完成了！

爸爸：其实你的作业并不算多，只是你不想做。凡事只要努力，没有不可能的，而且这样你也会更加明白时间的宝贵！

实际上，这个方法就是"写完作业有玩儿的时间"的一种具体做法，值得妈妈们好好参考一下，也可以在此基础上再做进一步的"发挥"。

另外，如果从小学一二年级，我们就给他额外的作业负担，那他慢慢可能就会对作业、对学习失去兴趣，严重的话可能会变得厌学。

想想看，刚入小学的孩子还没有建立起写作业的意识与习惯，而且之前写字也比较少，所以写得就很慢，效率很低，而如果我们再给他增加作业量，去催促孩子或者放手让孩子自己去写作业，他的写作业效率和写作业的痛苦程度也就可想而知了。

作为妈妈，还是要帮孩子在最初的学龄期，过好作业这一关，帮他提升作业效率、完成学校老师布置的书面作业，并且不再额外给他布置书面作业。

所以，当你感觉孩子写作业变得很慢的时候，就先要反思一下自己，是不是给孩子太多的压力了。如果真存在这方面的问题，那就应该让孩子按照他的方式去学习，当他写完作业之后的时间归自己支配时，就有了自主性，那他写作业速度就会提上去。

第二个重要原因：孩子可能还真没有掌握科学的写作业方法，以致写作业的条理性太差。

比如：孩子遇到难题不会跳过去，而是一直思考，占用了大量时间；铅笔断了，去削铅笔——没有事先准备好相关的文具、工具；喝水的时间、喝水量不合理，老想去厕所；不按顺序做作业，语文没写完就去写数学……

有个小学三年级的孩子，平时在家什么都不干，妈妈全部代劳（照顾孩子吃喝，帮他收拾书包、整理书本等），他只管学习和写作业。

但写作业这件事他也做不好：写作业时，铅笔断了，才发现找不到削笔刀；写错了，才发现没有橡皮……一会儿找这个，一会儿去拿那个，来来回回浪费好多时间，本来不到一个小时就能做完的作业，结果两个多小时才勉强做完，而且作业质量不高。

天天这样，妈妈很不耐烦，就冲孩子嚷："做事丢三落四，毛手毛脚，就不能提前都准备好吗?"

而且，这个孩子有时候做作业也不按照顺序写，甚至也不写题号，所以经常会做错或者是漏掉题目。妈妈真是想不通，对孩子感觉很失望。

这个孩子是典型的条理性差，没有掌握科学的写作业方法。写作业的文具准备不到位，到需要的时候才慌慌张张地去找。规划不合理，当然会耽误很多时间。

其实，这个问题跟妈妈有很大关系，妈妈包办代替，导致孩子缺乏锻炼机会，什么事都依赖妈妈，懒得动脑子，惰性也增强，所以，独立性就不高，做事的条理性就很差。那写作业不按顺序、不写题号也就顺理成章了。

怎么办呢? 妈妈要教孩子学会在写作业前做好准备工作：削好铅笔，文具等都准备好；提前喝水或把水杯放在书桌上，提前上厕所……这些事要指导孩子做，而不是包办代替他去做。

关于写作业的顺序，还是看孩子的个人兴趣，先语文还是先数学关系不大，关键是一鼓作气，除非有难题，可先略过去继续写后面的内容，写完再思考难题。实在思考不出来，做妈妈的可以辅助提醒，简单提示一个思路、方向，引导他进一步去做更深入的思考，而不是直接告诉他答案。

第三个重要问题：有的孩子可能有完美主义倾向。

有个孩子总希望自己能把作业写到完美，不仅要求一个错字没有，还要求横平竖直，包括标点、数学符号、字母等都要完美无缺。只要感觉写得不好，他就会立刻用橡皮擦掉重新写，由于心里很着急，结果就容易把作业纸擦破，然后就撕掉，或者写错了直接就撕掉，最终成了一种情绪发泄，肯定会延长写作业的时间。

这样的孩子将他关注的重点放错了地方，过分关注作业表面上的表现，而忽略了写作业的真正目的。虽然把作业写得干净整洁没有错误也是写作业的基本要求，但我们要提醒孩子不能过分强调这些，毕竟作业并不要求必须写得跟书法家写出来或者跟书上印刷的一样，只要保证写作业的时候态度认真就可以了。

孩子有这种完美主义的倾向，我们也不要训斥他，不要说："你以为你是谁，还想写那么好？没错就行了！"这样就会让孩子的自尊心大受打击。可以告诉他："你已经写得很认真了，妈妈为你感到骄傲，所以我们是不是可以再提升一下速度呢？这样你的作业就更棒了。"

另外，降低对孩子的要求，在心理上给他减轻压力，鼓励孩子少用橡皮，甚至不用橡皮，从而解除对橡皮的依赖——远离心理学上所讲的"橡皮综合征"。

再就是提醒妈妈们，不要在无形中训练孩子写作业慢。怎么讲？因为有的妈妈也比较追求完美，甚至把孩子的作业当成自己的脸面，结果就会要求孩子把作业写到最好，哪怕有一点歪斜、出格，都严格要求改好，写工整，这样几次下来，就会导致孩子要么害怕写作业，要么写作业变得很慢。

第四个重要问题：有的孩子可能天然慢，是慢性子，这种情况急不得，但这种孩子也比较少见。

对这种孩子，妈妈要降低要求，不着急，不呵斥，不吼叫，不过多纠错，要看到孩子的进步与努力，多鼓励，给孩子信心；多带孩子做一些需要手部精细动作的活动，比如画画、做手工、拼插玩具、手指操、家务活儿……

最后，再做一下提示：孩子写作业慢，可能是出于对抗心理。

比如，孩子对抗妈妈的催促，越是被催促就越是磨蹭，越是拖拉，这就是一种对抗心理在起作用。

再比如，妈妈一边玩手机一边看他写作业，只做"警察"、做"监工"，对孩子也是一种影响，他会认为：我这么努力学习，凭什么你在这里这么悠闲自在？不公平。有这样的对立心理，写作业自然不会快。

所以，妈妈要尽可能地、有意识地不要站在孩子的对面催促他。有时候，还是要尊重孩子的做事节奏的，急也于事无补。你越是急躁，越是认为他慢，他也就习惯性地认为自己"就是个爱磨蹭拖拉的孩子"。这个心理一旦产生，他怎么还能快得起来呢？

可见，孩子太慢，妈妈要改变。因为问题很可能不在孩子身上，而在妈妈这里。

再有，如果孩子真累了，写得更慢了，这时妈妈最好不要说"就还差这么一点了，赶紧写完"，否则，孩子会感觉自己不被妈妈理解，在妈妈眼里，作业比自己更重要。

所以，这个时候有两个选择：要么尊重孩子写作业的节奏，让他继续慢慢写；要么直接说："休息一会儿吧，太累了！""马上就写完了，休息放松一下吧！""来，吃点水果，休息一下"……

实际上，十句催促，也抵不上这一句"休息会儿吧"的力量大，而更神奇的是，当你说出这句话的时候，孩子反而不会休息，他会说，或者会想："就还差这么点了，我得赶紧写完，写完再休息也不迟。"

看，这就是语言表达的力量！你的语言里有对孩子的关心，孩子感受得到，就会对你亲近而不是对立，从而向着更好的方向发展。

哈哈，玩一会儿是一会儿！

——孩子写作业时边玩边写，不能专心

写作业时一边玩儿一边写、一边写一边玩儿这种不专心的情形，在很多孩子身上都非常常见。也就是说，一些孩子在写作业时的专注力是不足的，注意力不能够很好地集中在要做的事情上。

一般而言，孩子注意的稳定性或者说是专注程度是随着年龄的增长而逐渐提高的：

1岁以下的孩子，专注力一般不会超过15秒；

2~3岁的孩子能对感兴趣的事专注3~5分钟；

4岁的孩子差不多能专注10分钟；

5~6岁的孩子大约会专注15分钟；

7~10岁的小学中低年级的孩子，大约能专注20分钟；

12 岁以上的孩子，专注时间可达 30 分钟。

当然，这也是一个大概的时间划分，主要是给大家一个参考。不然，如果你要求 3 岁的孩子专注 20 分钟甚至 30 分钟，大概是不太可能的，但如果你就根据这一点判断孩子专注力不足，显然是不妥当的。所以，还是要对不同年龄阶段孩子的大概的专注程度做一些了解，这点是很有必要的。

那么，孩子专注力不足，会有哪些表现呢？

我总结了一下，孩子专注力不足的表现，一般不外乎以下 8 种：

上课容易走神，左顾右盼；

在学校学了什么，做了什么，一问三不知；

做事粗心大意，忽略细节；

做事总是爱拖拖拉拉，慢吞吞的；

做事有始无终，虎头蛇尾；

自信心不足，常常自卑；

思维反应迟钝，跟不上他人的思路；

学习效率低下、成绩不好。

最后一点是家长最为关注的，也最为头疼的。

孩子专注力不足的本质与根本原因是什么呢？细分一下，这一问题下面其实包含三个问题：

第一，孩子专注力不足的本质是什么？

第二，谁应该为孩子专注力不足负根本责任？

第三，导致孩子专注力不足的原因是什么？

就第一个问题而言，孩子专注力不足的本质，是他原本具有的专注力被破坏了。这就引出第二问题：谁应该为孩子专注力不足这件事负根本的责任？其实答案应该是"我"，这个"我"是谁？就是孩子成长的监护人——绝大多数是父母。可能是父母有意或无意地破坏了孩子原本就有的、还不错的专注力。这一点一定要承认，只有认清这一点，才会更进一步发现自己哪里做得不好，从而改正。这就有了第三个问题：导致孩子专注力不足的原因是什么？我总结了一下，一般不外乎以下七种原因：

第一，环境的原因。

孩子读书、学习、写作业的环境不好，总是被眼前或耳边的各种有形的、无形的东西影响，比如有形的各种玩具、新鲜的物件、物品等，无形的来自电视、打电话、聊天、打麻将、父母争吵的各种嘈杂的声音等。这些都会破坏孩子的专注力。

第二，心理的原因。

有的孩子可能有求关注的心理，为了引起他人的关注，而刻意表现得很好，但实际上心里总是想着被关注这件事，从而无法专心学习、读书、写作业。也就是说，孩子看似孩子风平浪静，其实内心早已暗流涌动，甚至是波涛汹涌，大概平时父母比较容易忽视他，在各方面没有给予他太多关注。

还有的孩子有"完美主义"倾向，追求完美，不管是写作业，还是看书学习，有一点没有做到让自己满意的地方，就会情绪低落，后悔不已，甚至一遍遍地重来。比如，写作业一点错误就会重写，导致情绪低落，从而影响注意力的集中程度。

再就是有的孩子可能太在意别人的看法，尤其是"认真学习（写作业）"的时候（当然，更多的是，他做出认真学习的样子），他会经常抬头看周围，以确认父母、老师、同学是否注意到他正在"认真"学习（写作业），从而无法真正专注于学习……

第三，不当的教育。

错误的教育比不教育更可怕，所以，教育一定要教对。但在现实生活中，很多家长的教育都是不当的，主要表现在以下几个方面：

经常否定、批评孩子，导致孩子总是处于担心中，无心做事，所以，他就不能集中注意力写作业。

经常催促孩子，孩子心理总是处于对抗中，他对抗妈妈的催促、唠叨，越是催促、唠叨他"快点""快点"，他就越是一边写，一边玩，因为孩子已经有了自我意识，在没有充分意识到你的催促是为了他好之前，他会很烦躁、逆反，会以这种方式跟妈妈对着干，以对抗妈妈的催促。如此，写作业自然也就无法专注了。

过度关注、宠爱孩子，导致孩子依赖性强，写作业遇到困难向妈妈求助，自然没有办法集中精力写作业、攻克难题。

给孩子刺激太多，包括语言刺激、物质刺激等。比如语言刺激太多，孩子写作业时，妈妈一直在一旁用语言"指导"他，或者在他做作业的时候站在一边"站岗盯梢"，孩子背后有一双眼睛，自然很难集中注意力写作业；再比如说物质刺激，给孩子买很多书，孩子不知道读哪本好，给他买很多玩具，他不知道玩儿哪个好……又怎么能集中精力去读书、去玩玩具？具体到写作业而言，给他买很多花哨的文具，比如各种好玩的笔、类似捏捏乐等多功能的不同形状的橡皮等，导致孩子在写作业时分心。

这些情况都值得我们去反思，去改变。

第四，错误的示范。

这个示范，更多的还是来自孩子的监护人，也就是父母。有些父母本身就是做事非常不专注的人，甚至患上了大脑肥胖症——比较严重的专注力不足。

我大概解释一下"大脑肥胖症"这个概念，就是每天至少有 1/3 的时间，我们都不知道自己在做什么。所以，有人开玩笑说，生活本身就是一种走神，而且是天天走神。其实在这个信息爆炸的年代，现代人多少都患有一定程度的专注力匮乏症……只要坐在电脑前，就很容易忘了自己要做什么，因为总会有比手头上正在做的更有趣的事情冒出来，而这就会让一个人不断地忙碌，去追踪那些在大脑中突然冒出来的事，从而分散自己的专注力，分散精力。比如，搜索一下自己感兴趣的事，刷一下微博，看一下微信，查一下电子邮件，上上社交网站，浏览一下新闻网站，等等。这个程序走完之后再去做手头上的事，但好像没忙一会儿又想起来一件什么事，于是就又重复刚才那一系列的程序，循环往复。玩手机也是一个道理，因为基本也有同样的程序。这样一心多用，大脑就会在不同的任务之间进行切换，切换的频率越高，脑力消耗得也就越多，专注力也就越匮乏。

其实大脑肥胖症的根本原因就是：我们无节制地向大脑输入了大量的信息，导致大脑负荷加重，变得"拥挤"，所以，要给大脑减减肥，减减压，不要让自己关注太多无关紧要的信息。科学家现在有些忧虑，在他们看来：人们在获得信息的速度和广度的同时，也在失去一些意义深远的东西，比如深度思考的能力、集中注意力的能力、面对面交流的能力、独处的能力……反思一下自己，我们是不是也有类似的情形呢？如果有，孩子也会看得见，而且看得很清楚。所以，当你再说教孩子专注力不足的时候，他就会反驳，甚至说你没有资格说他。所以，改变孩子，应该先改变自己。想让孩子专注力提升，自己先把专注力提升起来。

再有，有的妈妈做事也不专注，比如一边吃零食一边看书；再就是前面提到的，有的妈妈陪孩子写作业时，一边玩手机一边看他写作业，对孩子也是一种影响，他会认为，这不公平，所以他写作业的时候自然也就想着边玩边写，所以就会走神。

第五，父母的言行。

有的时候，父母一些不经意的看似与孩子无关的言行举止，也会影响孩子的专注力，因为父子连心，母女连心，他会感知到。

比如，家里父母有了种种的状况（主要是负面的、不良的状况），孩子就会心神不宁，从而导致专注力下降。这就需要父母经营好自己的家庭，做到夫妻同心，给孩子一个和睦稳定的家庭，家和才会万事兴，这个万事，也包括孩子的学习，包括孩子的专注力。

第六，生理的原因。

也就是孩子大脑发育不完善、神经系统和大脑微功能发展不平衡、吃得过饱、睡眠质量不好、作息没规律等也会影响专注力。

第七，病理的原因。

比如孩子有多动症，就会有专注力不足，甚至是明显缺陷的情形，需在专科医师或专业人士指导下科学合理矫治。

但需要指出的是，生理和病理的原因相对都比较少见，大部分孩子都不会这样。

所以，孩子写作业不能集中注意力，需要妈妈做出改变。正所谓"改变孩子，先改变自己"。我想，原因找到了，方法也就自然出来了。是不是这样呢？如果认真对照上面的原因，发现能有"对号入座"的，就需要改进一下。在接下来的后面章节，我还会讲到让孩子集中注意力写作业的更系统的方法。

我不就是粗心点吗，有什么大不了？

——孩子写作业时粗心大意、不认真

所谓粗心，就是指人不谨慎、不细心，比较容易疏忽一些问题，不那么仔细。粗心大意是很多孩子在写作业、考试时都爱犯的毛病，当然也让很多妈妈头疼不已。

一位妈妈就说：

我儿子上四年级，不管做作业还是考试，总是有粗心的毛病，不是漏做几道题，就是看错题目。我告诉他，做完了题要记得检查，他也说自己检查了，但检查完还是错题连篇。反正是没什么效果，哪怕我吼他一顿，他该怎么错还怎么错！现在才上小学就这么粗心大意，以后上初中、考高中、考大学可怎么办啊？

另一位妈妈也说：

我女儿的马虎真是没救了，从她上小学第一天，我就天天跟她强调，要认真细心，别马虎大意，可她一点都没听进去。昨天作业就做对了一半题，剩下的全错了，可让她重新做，她也都会，不管是拼音还是100以内的加减法，都没问题。可就是这么粗心大意，又是个女孩，我真头疼死了。也吼了，也骂了，反复不断地说，都不管用，我也不知道怎么办。

我想，这两位妈妈说的孩子粗心大意的表现，确实很有代表性。孩子常见的粗心大意的表现还有哪些呢？

比如，字少写一画、少写一个字；还有少算一道题、少计算一步、忘点小数点，再就是"÷"看成"+"，"太"字看成"大"；甚至考试时忘记写名字，或把名字中的某个字漏掉、少写一笔……

马虎的孩子会让妈妈经常心生遗憾，于是很多妈妈就发出这样的感慨："如果你再认真一点""如果你不粗心大意"……

确实，本来很聪明的孩子，就是粗心大意，会的题还做错，是不是有一种很无奈的感觉？这种无奈与焦急，相信很多妈妈都曾经体会过。

尽管妈妈头疼不已，但不少孩子对此感到颇不在意，认为不过就是粗心而已，只要妈妈一教训他，他会毫不在意地摆着手说："我知道了，下次认真不就行了。"可是，他却忘记了自己已经养成的粗心的习惯却并不是那么容易就能改正的，结果下次他依然会受到粗心的困扰。比如，考试的时候这个坏习惯就会毫不留情地发挥"重要作用"，使得本来能得分的题反倒失了分，让考试成绩变差。

而且，粗心的习惯，不仅仅会体现在学习中，还会延伸到他的生活中，导致他丢三落四，出门会忘带东西，或者拿错了东西，更严重的，包括不记得关煤气、没有拉电闸、忘关水龙头等，可能也会给家中带来各种各样的损失。

再有就是，粗心的习惯如果不加以改正，将来也会影响到孩子的工作和做其他的事情，特别是在一些需要严谨对待的工作中。

比如，如果孩子做了司机，倘若他对待时间粗心马虎，记错了发车时间，可能就会导致运输延误，假如他不太关注车辆调度，就有可能引发各种意外状况；如果孩子是医生，粗心更会导致他制造各种医疗事故，严重的就会危及他人的生命；如果孩子是文字编辑，放过一个错字或漏掉一个字，都有可能让一句话的意思完全改变，而读到这句话的人就会产生错误的认知，一个错误的知识点可能也会因此而被传播出去，从而误导更多的人……

可见，粗心虽然是个看似不大的小毛病，但是一旦成为孩子的固有习惯，就会对他的人生产生难以应对的危害，就如蝴蝶效应，孩子在作业上的粗心，就好比是小小蝴蝶轻微地扇动了一下翅膀，而接下来孩子因为粗心而带来的一系列连锁效应，则是翅膀扇动时所引起的风带来的一环扣一环的扩大影响。

所以，如果我们现在对孩子的粗心问题感到头疼，那就要赶紧想办法帮他解决，不要以"他还小，以后会改"这样的认知而放任自流，不要等到孩子饱受粗心的"迫害"才感到为时晚矣，越早帮孩子清除这个坏习惯，他才能越早受益。

在这里，再简要分析一下孩子写作业粗心的一些常见原因：

孩子表面说是粗心，其实是不会。

各种小毛病，写错字、抄错符号……可能是妈妈给了孩子错误的暗示。

心急，没看完题目的要求，不能正确无误地审题。

紧张和轻敌——导致粗心大意的两个"拦路虎"。

过多的重复练习也会导致孩子粗心。

孩子性格比较急躁，妈妈又没有适时地引导。

妈妈没有放手让孩子承担粗心的后果。

妈妈和孩子都忽视了一个好工具——"粗心备忘录"。

找到原因就好办了。针对这些原因，我将在后面的章节中详细讲述更为有效的应对方法。

什么是思考啊，真是烦人啊！

——孩子写作业时不懂得思考、不爱思考

作为妈妈，可能没有一天不被孩子"呼唤"的时候，比如，你一定会经常听到孩子说：

"妈妈，我的书包在哪儿了？"

"妈妈，这道题应该怎么做啊？"

"妈妈，我今天穿什么衣服？"

"妈妈，我该怎么办呀？"

……

有问题找妈妈，很多孩子都会这么做。但实际上，这却不利于孩子思考能力的提升，以至于什么事都问，什么事都靠别人指挥，靠自己什么都做不好。

但很多妈妈面对这种情形，要么乖乖给他去办，要么吼一嗓子："自己动脑子想想不行啊？"可吼完呢，还不是继续给他帮忙？！

孩子的大脑正处于发展的关键时期，只有让它积极地运动起来，才能保证大脑越来越灵活。而越不舍得自己动脑去解决问题，遇到问题越不知道应该怎么做。可见，孩子不爱思考是不对的。

孔子曾说："学而不思则罔，思而不学则殆。"可见，思考是学习的灵魂。孩子的思考能力越强，学习效率就会越高。如果孩子不能把所学的知识放进"思考"这个熔炉里去熔炼的话，他永远都不能真正掌握知识和应用知识。

讲一个故事吧：

著名数学家高斯10岁时，他的数学老师给包括他在内的所有学生出了一道算数题：$1+2+3+4\cdots+98+99+100=$？孩子们立刻在草稿纸上计算了起来。

只有小高斯没有动手计算，他看着这个题目，展开了思考。他思考的过程花去了相当于其他同学进行计算的一半时间。这时，老师过来问他："为什么还不开始做题？"

小高斯说："老师，我已经知道答案了，是5050。"

老师十分诧异，原来，小高斯经过观察和思考发现：$1+100=101,2+99=101,3+98=101\cdots$这样的等式共有50个，因此，这道题可以简化为：$101\times50=5050$。

当小高斯把这个思路告诉老师的时候，老师禁不住地大声说：

"太精彩了！"

其实，这种精彩不取决于智商，而取决于思考能力。俗话说："大脑越用越灵。"一个总是用大脑思考问题的孩子，往往比那些不善于思考的孩子聪明；同样，总是把"大脑"闲置的孩子，思维也很容易变得迟钝。

孩子不爱思考，有很多原因，比如：

从小就没有养成好的思考习惯。

因为小学低年级的作业，可能是类似抄写、读课文等比较简单的内容，尤其是语文，如果妈妈没有跟孩子及时强调思考的重要性，也没有引导孩子好好思考，那他的思考意识与习惯就很难建立起来。

可能跟妈妈的"有问必答"有一定关系。

孩子有问题，就问妈妈，妈妈就一下子都给他回答出来了，他也就懒得再思考。

所以，当孩子拿着所谓的"难题"请教我们时，我们千万不要一五一十、详详细细地把答案或演算过程直接告诉孩子。否则，只会增加孩子的依赖心理，久而久之，他就干脆懒得思考了。当孩子问问题的时候，要先让他自己想，一句很简单的回应——"你说呢？""你认为呢？"就能把"球"很好地"踢"回去。如果他实在想不出来，可以一步步引导他想。这个引导，就是在培养他的思考能力。慢慢地，孩子就从我们的引导中，学会如何思考、按什么步骤思考等。这样时间一长，孩子的思考能力自然会提升。

再就是跟孩子的新奇想法、好奇心被扼杀也有关。

一个耳熟能详的小案例——雪化了是什么？是水，这是标准答案；是春天，这是孩子的新奇想法，或者说是创意，但就容易被妈妈否定、批判，那他还敢再积极思考与创意思考吗？

也可能跟孩子的想象力被限制有关。

比如，孩子画画，画的是"蓝色的太阳、会飞的猪"，你怎么看？要不要让他纠正？太阳是红色的，猪是不会飞的！纠正了，就连同孩子的想象力也抹杀了。

所以，孩子不爱思考，跟妈妈有很大关系。怎么办？

想办法培养孩子写作业爱思考的好习惯，激发孩子学会积极与创新思考。所谓积极思考，就是不懒，思路活跃，也愿意去思考；创新思考，即孩子的想法有创新精神，而不是人云亦云。我想，要达成这两个目标，还是需要妈妈费一番心思的。

再进一步的方法，不妨试试以下几点：

别让孩子的思考太有依赖感，妈妈试着多做"甩手掌柜"。

开拓新思路，尝试新方法、新途径，培养孩子的创造性思维。

善于发现并保护孩子在写作业时的思考意识与行为。

适度限制、降低孩子使用"高科技智能"产品的频率。

教给孩子具体的、高效的思考方法。

不要轻易否定孩子的"非标准答案"。

鼓励孩子从多角度思考问题。

创设利于想象的各种情境，多正面回应孩子。

引导孩子扩大知识面，丰富他的信息储备。

这些方法的具体展开，我将在后续的章节中详细讲述。

我写作业，妈妈都不管我！

——孩子写作业，妈妈彻底"缺位"的弊端

一些孩子不爱写作业，跟年龄小、妈妈的辅导没有跟上有很大关系。我知道有的妈妈一味地强调对孩子的独立教育，在孩子刚上小学时就彻底撒手不管，只关心孩子的学习成绩，而对孩子的学习过程却不过问、不关心，即使老师布置了家庭书面作业，有的妈妈也不愿意对孩子进行必要的作业辅导。这样的做法，是欠妥当的。

督促孩子写作业，是父母不能推卸的责任，尤其是在孩子孩没有培养起良好的写作业习惯的时候，妈妈的督促、辅助更是非常有必要的。

对于妈妈而言，在孩子写作业这件事上，到底应该发挥什么样的作用呢？到底应该厘清什么问题呢？到底要坚守哪些原则呢？我想不妨从以下几个方面展开思考，寻求答案。

孩子写作业，妈妈到底要不要陪伴他？

陪孩子写作业一定要注意什么要点？

妈妈到底要不要帮孩子检查作业？

检查作业，妈妈要执行的"三做三不做"原则是什么？

如何引导孩子重视老师对作业的批改？

妈妈"辅导作业"的要解决的几个困惑是什么？

高效率写作业的核心术——作业四步法是什么？

这些内容先放在这里，就当给你一个提示、一个思考的方向，在后续章节中，我将就这些问题再做更具体的阐述。

由上述几点可以总结发现，做妈妈的在孩子写作业这件事上最好不要"缺位"，尤其是孩子还比较小的时候，更是要发挥重要的辅助作用，而不是以培养孩子独立为名撒手不管，否则孩子可能从入学之初，就被其他同学远远地落在后面，甚至因此成绩不好而丧失学习的自信心。这对妈妈而言，就是不负责任的行为，特别值得警惕。

但是辅导孩子写作业，也有几点要注意避免。

有的妈妈陪孩子写作业的目的，只是为了更好地监督孩子。这些妈妈认为孩子就在自己眼皮底下，那他肯定就能好好写作业了，就算他有什么小动作，自己也能看见，而且如果他的作业出了什么问题，也能第一时间提醒或者帮他纠正。

乍一听上去，妈妈这样认为似乎很有道理，近距离的陪伴，的确可以在第一时间处理各种"突发状况"。然而，相信很多妈妈在亲身实践过后就会发现，这只不过是一种理想状态罢了。因为妈妈的陪伴，并不是总能起到好的作用的，很多时候，恰恰是因为不当的陪伴，才让孩子更加无法好好写作业了。

下面这样的一些情况，可能不少妈妈都遇到过：

第一种，没有妈妈陪着，孩子就不愿意写作业。

孩子对妈妈的陪伴逐渐习惯，而他也就养成了这样的一种习惯——只要写作业，就得妈妈陪着，否则他会觉得好像少了什么，就算写作业也写不踏实。更有的孩子如果没有妈妈的陪伴，自己就绝对不会写作业。

第二种，妈妈变成了"随时问答机"。

孩子只要有不会的题、不认识的字、不懂的知识，立刻回头问妈妈，然后就能得到解决。结果本来是该孩子自己写的作业，就算遇到问题，他也应该自己去查找答案、独立解决，但却变成了妈妈和孩子合力完成的任务。

第三种，为了陪伴孩子，妈妈不得不放弃其他的事情。

有的妈妈在孩子写作业的很长一段时间内什么都做不了，只能坐在孩子旁边，要做的事情一律都向后推。也就是无原则地陪伴，只是为陪伴而陪伴。好像只有"陪伴"，才能让母子双方都更安心。但这是大家在表面上的安心，实际而言，谁的心都不是真的很安。

对妈妈而言，有一大堆的事情要做，表面看似"风平浪静"，实则内心已经掀起"惊涛骇浪"。如此，陪孩子时会有"身在曹营心在汉"的感觉，甚至还会因为孩子的一点小错误而大发雷霆，反而破坏孩子写作业的节奏感、仪式感等。

对孩子而言，有妈妈在旁边似乎会有某种安全感，但实际上如果妈妈因为一点小事就发脾气、对于一点小错不等孩子自己检查就指出来的话，孩子反而会有一种担惊受怕的感觉，不知道什么时候会"引爆"妈妈的"炸弹"。

可见，陪孩子写作业，也是讲求艺术的，是需要辩证地来看的。

什么时候该陪，什么时候不该陪？陪到什么时候可以结束？遇到问题什么时候指出来？还是等待孩子自己去发现问题？……这里面确实有很多学问，有很多原则，也有很多技巧。所以，做妈妈的有必要再进一步深入了解"辅导孩子写作业"的真谛。

第二章

妈妈不吼叫，孩子更主动

——如何调动孩子自觉写作业的积极性

很多孩子不爱写作业，很正常，因为写作业比较累、比较辛苦，谁都有惰性，都愿意轻松，就像成人，如果有可能，是不是也不想工作呢？孩子不爱写作业，也是一样的道理。加上之前可能也没有建立起孩子写作业的意识，没有培养起孩子写作业的良好习惯，所以，除了天生的学霸之外，孩子不爱写作业也就比较正常了。所以，做妈妈的应该理解这件事。但理解归理解，还要想办法调动孩子自觉写作业的积极性，这有一个大前提——妈妈不吼叫，孩子更主动。

孩子，作业真的很重要！

——引导孩子认识到作业的重要性

一些孩子没有写作业的积极性，或者说不愿意主动写作业，或者说在写作业的时候耍一些小聪明，基本上可以认为孩子没有意识到写作业的重要性，或者说根本就不知道作业的重要性，甚至是对写作业有某种偏见。

有的孩子已经习惯了"学会了就等于学完了"的学习模式，在思想上根本就意识不到写作业的重要性。

一位妈妈在儿子上一年级的时候就发现他不怎么爱写作业，以前一直都是妈妈催促着或者监督着，他才会写上一两笔，若是妈妈一直监督着，他也可以把作业认真写完。

等到上了二年级，妈妈以为儿子大了一岁应该懂点事了，哪知道他还是很少主动写作业。老师有时候也会和妈妈联系，提醒她催促孩子写作业。

妈妈这回头疼了，儿子上课也挺认真听讲的，随便考查一下，也能确定他把当堂的知识都学会了，可怎么就是不写作业呢？直到有一天，吃饭的时候，儿子无意中说道："学校的老师最麻烦了，我把她课上讲的知识都学会了，她还偏给我们留作业，再让我们把都会做的题做一遍，真是浪费时间！作业一点都不重要，课上学习才重要，课上要是都会了，课下就没必要写了啊！"

妈妈这才知道，原来儿子一直都是这样看待作业的，他觉得课后作业并不重要，难怪他不愿意写。

等到吃过晚饭，妈妈拉着儿子坐下，好好给他讲了讲作业对他的重要性，告诉他老师留作业的目的，以及做作业对于他知识学习的帮助。一番讲解后，儿子这才点了点头说："哦，妈妈，原来老师留作业是有原因的啊！那我以后可要记得写了。"

其实，很多孩子都会对这种"已经学会了却还要再写一遍"的做法不能理解。因为他在此之前，可能一直认为，会了的内容就不需要再巩固练习了，或者说在上小学之前他根本就没有接触到各种形式的作业，妈妈也不会给他留作业，他已经习惯了"学会了就等于学完了"的学习模式。可等上了小学，老师开始留作业了，他并不能转换思维，写作业的习惯在短时间内也培养不出来，最关键的是，他也意识不到作业和他的课堂学习是有紧密联系的，不知道作业的重要性。

还有的孩子在写作业的时候故意漏掉题目——偷懒，少做一点，这其实多半也是没有意识到作业的重要性。

　　一位妈妈就曾经在网络上发帖向大家求助：

　　上四年级的儿子上课听讲、回答问题都还好，可一到写作业的时候就犯懒。比如，写作业前给了他一个橘子，等过会儿我估摸差不多该写完了，可走过去一看，作业本上只有几个字，橘子倒是吃完了，重点是橘子皮上被铅笔戳满了小洞洞。

　　类似这样的事他还干过许多，本来足够的时间，他就是不写作业，经常是一直拖到快上床睡觉了，才不情愿地写两笔。可就这两笔，也是能偷懒就偷懒，用一个字能表达的绝对不说两个字。

　　上次英语老师让写星期一到星期日的英文单词，结果他除了星期一是正常的 Monday 之外，其他单词后面那个"day"彻底被省略掉了，他竟然说"反正都一样，写它干什么"。

　　唉，一想起儿子写作业的问题，我就头疼得睡不着觉，真心求各位给个好办法吧！

　　这位妈妈的苦恼可能会在很多妈妈那里获得共鸣，孩子偷懒的"功夫"的确会让我们感到束手无策。

　　类似这样写作业偷懒的孩子，多半是觉得作业是写给老师和妈妈看的，只要老师发现不了、妈妈不知道，那就没问题。这就是孩子对作业和学习的错误认知。所以要提醒孩子，作业是为了帮他巩固所学知识的重要手段，不是应付老师和妈妈的不得不完成的任务。作业做得好不好，只会影响他自己的学习，对其他人没有任何影响，不能搞错了作业与他自己之间的关联性。

如果孩子提出疑问，我们就要耐心地解答，而对于他所说的"老师不好""作业重复性太高"等类似问题，则要鼓励他多从自己的学习目标出发，帮他化解内心矛盾，使他正视学习。

其实写作业爱偷懒的孩子都有一颗浮躁的心，所以他才不能踏实地做好一件事。而这样的孩子并不笨，该会的知识都会，只不过是懒得写、懒得想。所以，我们应该帮孩子改变偷懒的毛病，只有帮他扭转观念，才能让他在写作业这个问题上有所改变。

对作业偷懒的孩子，有的觉得作业太多，写起来很累；有的认为作业重复性太高，写得没意思；还有的则认为，自己很快就能写完，拖一会儿没什么……其实不管哪一种想法，都代表了孩子对作业的偏见。

所以我们还是要再跟孩子反复强调一下，作业不是无聊时打发时光的东西，也不是可有可无的东西，作业与他的课业学习是紧密相连的，也是他为了能学到更多的知识而必不可少的一项活动。

《长歌行》中说："少壮不努力，老大徒伤悲。"虽然这句诗涵盖了整个人生，但放在孩子目前对待作业的态度上，其内涵也是适用的。意思就是，平时作业做得越好，那么最后的复习多半也会越省力一些。相反，假如平时写作业就很懒散，那么最后的复习就会吃苦头，就不得不重新看大量的复习内容，平白浪费了时间和精力。

当孩子能理解作业对他的重要性时，他自然也就不会再想着偷懒了。

我想就孩子写作业的重要性，强调一个逻辑关系或者说是路径——妈妈先要真正意识到作业非常重要，再把这种感觉真诚地传递给孩子。只要妈妈有了这种意识，就不会抱怨作业多，就不会把辅导孩子写作业当成一种负担，而是把它看成一种自然而然的事，那孩子也就能从容接受了。

作业的重要性不言而喻，别人家的孩子不是到四五年级、到初中一下子成绩就变好了的，都是有基础的，这个基础，可能就藏在妈妈的意识里——也就是说，当妈妈真正意识到了作业的重要性，就会在言行举止之间表达出来、传递出来，那孩子自然也就不会轻易对作业说"不"了。

孩子学习之间的差距，很多时候不是在课堂上产生的，而是在家庭中拉开距离的。你不重视他的作业，他就跟不上老师的步调，就会比别的孩子成绩差。

所以，要重点告诉孩子以下几点：

想要以后学习变得轻松，作业是必不可少的一个环节，它会让所学的知识变得更加巩固，能提升记忆力、专注力，帮助你学会独立思考，甚至可以说，作业就是一种思维体操。

作业还可以发挥你的主观能动性，让你养成良好的学习习惯，提升成绩。

最重要的是，作业里藏着人生的大品格，让你不断进取，更加自信，让你学会负责担当。一个人必须学会对自己负责，作业做好了，就是在现阶段对自己的一种负责与担当。

与此同时，还能开启自己智慧的宝藏，成为自己前进的不竭动力。

这些关于"作业的重要性"，都需要我们在平时不断地、有意识地向孩子传递。

　　但有一点要提醒大家特别注意，就是要走中道——中庸之道。所谓"过犹不及"，不做作业，肯定不行；做太多作业，孩子的课外时间都被作业占满，显然也就过了，也就没有什么太大的效率与价值了。所以，作业不要过量，绝不是"多多益善"，不要让家庭生活被孩子的作业绑架。

不希望妈妈批评我！

——不批评才更容易培养出自觉主动写作业的孩子

没有人喜欢被批评，孩子也不例外。但很多时候，做妈妈的好像认为，不批评就是对孩子不负责任，所以只要孩子出现一点问题、犯一点错误，就要抓住机会进行"教育"——批评一番。这样的做法有点欠妥。

就写作业而言，好像很少有孩子不被妈妈批评。但实际上，孩子都非常害怕被妈妈批评，一些孩子在写作业的时候是很紧张的，心一直是蜷缩的状态，生怕犯一点错误而被妈妈抓住并放大，进而大肆批评。

我想说的是，不批评才更容易培养出自觉主动写作业的孩子。

这一点，尤其对小学低年级的孩子最见效。本身孩子刚上小学就比较害怕写作业，如果身边再听不到肯定鼓励的声音，看不到欣赏他的眼光，那他就会变得更加谨小慎微。如果你不能做到时时鼓励孩子，那至少要做到尽可能不批评他。

以下几点值得妈妈重点关注：

在孩子写作业前，要建立孩子对作业的兴趣。

孩子写作业的时候，要培养他的专注力。

孩子写完作业，要让他感觉到有成就感。

怎么达成这几点呢？还是要靠妈妈的鼓励与欣赏，而不是批评与挑剔。

我知道有的家庭，每次写作业，孩子都会哭。其中有孩子脆弱的原因，他有畏难情绪，又不知道如何去排解。这时候，如果来自妈妈的都是否定、呵斥、吼叫，甚至撕掉作业，对孩子的情绪来说，可能就是"火上浇油"，不仅不会灭火，还会助燃。

当妈妈批评、呵斥、吼叫孩子的时候，孩子就会"为了不让妈妈批评、呵斥、吼叫，只好硬着头皮写作业"，但他会觉得写作业一点意思都没有，会更讨厌写作业，情绪会变得更糟。这时，妈妈也会更着急，更生气，更有情绪。

如此，就变成了恶性循环。

所以，当你用批评、命令式的话跟孩子说"赶紧写作业""快点写""怎么还不写呢"……孩子会感觉很烦，甚至有种"简直烦死了"的感觉。

如果我们设身处地想一想，如果别人这么对我们说话，我们也会觉得不舒服。

既然这样，为什么要用这种高高在上的所谓的"权威"去压制孩子呢？所以，你不妨开启另外一种模式：试一试不批评孩子，看看会怎么样。

首先，不要习惯性地怀疑孩子，要相信孩子可以做好作业。

很多人不会那么轻易就相信别人，即便是自己的孩子也是一样，妈妈总是怀疑孩子是不是能做到某种程度，或者总是怀疑孩子在某些方面的表现。如果总是抱有怀疑，那怀疑的范围就会越来越大，怀疑的程度也会越来越深。

与其这样，就不如体验一下"皮格马利翁效应"（人们基于对某种情境的知觉而形成的期望或预言，会使该情境产生适应这一期望或预言的效应，简而言之，就是"心想事成"，就是积极暗示所产生的巨大能量），告诉自己："我很相信我的孩子，他可以做好自己的作业。"

经常性的自我暗示，虽然一开始会不习惯，那份怀疑也不会那么容易就消失，但是我们只要坚持下去就应该没问题。我们的任何一个小变化，其实都会引起孩子的注意，当他发现我们正在逐渐信任他时，他也会有所改变，也会想要变好来回应我们的期待。

其次，不要总那么严肃地对待孩子的作业问题。

一提到作业，有的妈妈往往会用很严肃的态度去应对，似乎只有这样，孩子才会意识到作业对他是重要的。但事实上，这种严肃的态度可能恰恰会让孩子感到忐忑不安，反而不能正确地看待自己的作业了。尤其是当他的作业有诸多错误时，你越是严肃，他就会越紧张，时间久了，这种紧张情绪可能就会演变成厌恶。

因此，不如也试着放松下来，别总是用那么严肃的态度去对待孩子的作业问题，可以轻松地和他讨论讨论。

比如，面对孩子不写作业这件事，可以说："嗨，小伙子，今天你好像还有项重大任务没完成哦！"

还比如，如果孩子的作业中有错误，也不妨说："啊呀呀，看样子我们今天可以来'扫雷'了，今天你可制造了一个不小的'雷区'呀！"

这样的一些话语不会让孩子感到很紧张，轻松的语言也许会让他能听得进去我们说的话，也会乐于接受我们给他提的各种意见。

再次，不妨把批评换成点评试试看。

看孩子的作业时，一些妈妈总是习惯看他作业中的问题，却总是忽视他作业中表现好的地方。所以可能就会习惯性地批评他的问题，但明显孩子并不愿意听批评，不如把批评换成点评试试。

点评就意味着不仅要提到不好的部分，也要提到好的部分，可以夸奖他做得好的地方，对于做得不好的地方也不要直接严厉地训斥，而是可以点出问题、提出建议，帮助孩子改正。

最后，更正一个观念：表扬孩子，不会让他骄傲得"上了天"！

如果妈妈总是因为作业问题而批评孩子，或者总是说他"就是写不好作业""作业写得太差了"之类的话，那他也会就此认为自己的作业就是这么上不了台面，以后他可能也会不愿意再写。而如果对孩子适当地肯定、表扬，以及在某种程度上给他做一下"写好作业"的示范，可以让孩子感觉自己的作业还有可取之处，也能让他更好地了解作业，他会因此有了动力，当然也就不会那么讨厌做作业了。

有的妈妈会不以为然，如果对孩子不训斥，孩子怎么能知道自己哪里有问题？总表扬还了得？他不骄傲得"上了天"？有了这样的认知，其实就代表妈妈也是矛盾的。一方面不相信批评会影响孩子对作业的态度，一方面却又肯定表扬会让孩子骄傲。事实上，孩子因为表扬而感到某种程度的自豪、骄傲，本身就是皮格马利翁效应的体现。

所以，要想让孩子好好做作业，就应该更正观念：适度地肯定与表扬孩子，不会让他骄傲得"上了天"，反而会让他能意识到自己也有能力，从而让他能真心不再排斥写作业，并进一步自觉主动地去写作业。

请欣赏我，鼓励我！

——用欣赏、鼓励代替批评、挑剔，掌握表扬艺术

孩子之所以讨厌作业，有时是因为我们会因为他的作业出了问题而批评他，甚至是责骂他，从而让他产生了厌烦情绪。所以，要让孩子爱上作业，至少也该给他的作业以肯定，对他的良好表现加以表扬，或者给他一个好的示范，这样才能消除他对作业的不良情绪。

比如，可以对孩子说："看到你今天主动写作业，妈妈真高兴，感觉你突然间长大了。"孩子就会感觉："我的努力妈妈看到了，我要更努力才行。"

有的妈妈可能说了，他不主动怎么办？

我想，孩子至少还是有一些优点的，没有一丝优点的孩子是不存在的。我们要善于观察，要适度放大孩子的优点。

比如，你可以说：

"看你这架势，好像要主动写作业啊！"

"看来，今天你不需要妈妈催了，一回到家，我就有这种感觉，我发现你真的懂事了，真是个好孩子！"

"妈妈感觉你最近变化挺大，尤其在写作业方面，比以前主动了。"

的确，你觉得孩子好，他就好给你看！你觉得他很差，那他就变得更差，让你"顺心如愿"！我们要善于给孩子"引路"，往好路上引。所以说，即使孩子没有特别积极主动地写作业，也可以表扬他"努力尝试了""有进步了"……

要看到孩子写作业时的优点，表扬要做到具体化。

比如，不要笼统地说：

"你真棒！"

"你真厉害！"

"你真聪明！"

"你真行！"

……

而是说：

"你的字下笔有力，笔顺正确，写得也很工整，一看就知道很用心！"

"这道题，你的解题思路非常有创新性，一般人想不到这一点，真是太有创意了，你是怎么想到的？快跟妈妈说说！"

"还是你有办法，看，只要用心，就会有好的创意，加油！"

……

要知道，泛泛地表扬，孩子不仅发现不了自己的闪光点，还会感觉到妈妈的敷衍，所以也就很难激发他写作业的兴趣。而指出孩子做得好的亮点的具体化的表扬，却很容易说到孩子的心坎上，从而让孩子对作业产生兴趣，更愿意主动、用心地去写作业。

鼓励或表扬是有标准的，这个标准就是要让孩子感到高兴，而不是例行公事地、不痛不痒地说一句"你真棒"。

所以，在表扬孩子的时候，要注意观察他的表情反应，也就是他是不是真的开心了。他开心了，就入心了。如此，妈妈也会开心，继续坚持下去，孩子看到妈妈高兴，自己也会更高兴，就会慢慢养成爱写作业、用心写作业的好习惯，因为他也想让自己的努力得到妈妈的认可。

另外还有一种鼓励的方法：可以把孩子写得好的作业发到班级群里展示一下，别的家长或同学肯定会点赞，这对孩子来说就是一种激励，促使他以后写得更好。而且，群里也会有其他孩子发作业，可以引导孩子自己相互比较一下，榜样示范的力量，对于低年级的孩子还是很有激励作用的。如果没有班级群或者不方便往班级群里发，可以几个同学组成互助学习小组，建立一个小群，把作业写好后，发到群里，相互学习，比学赶帮超，一起进步。

在作业面前，妈妈应该是孩子最好的盟友，要用欣赏的态度让孩子通过写作业来快乐学习，健康成长。对于孩子出现的错误，不指责，不进行人身攻击，不侮辱人格，而是跟他站在同一条战线上，温柔地探讨，耐心地引导，从而让他发现正确的解题方法。

妈妈，我想要点奖励！

——孩子写得好要不要奖励他？如何奖励？

对于孩子在一些方面的进步或良好的表现，妈妈要不要给他奖励？比如说，孩子写作业进步很大，他想跟你要点奖励，答不答应呢？我想，这个问题，大家现在可以思考一下，先不用急着往下看。

就这个问题而言，我认为，给予孩子某种形式的奖励是可以的。

但我也要先做一个声明：我特别反对用金钱和物质奖励孩子。为什么？因为这很容易让孩子陷入金钱与物质欲望之中，那是贿赂孩子，是跟孩子做交易，弊远远大于利。

这里所讲的奖励，主要是精神奖励，即便有物质的显现，但背后更多的也是精神层面的奖励。

孩子需要被奖励，虽然奖励属于一种外在刺激，但在一定程度上，却能让不爱写作业的孩子动起来。如果能达到这个目的，这个外在奖励的诱因就可以存在。

奖励不是目的，而是为了让不爱写作业的孩子动起来。

实际上，孩子写完作业对他适度奖励，是对他积极主动完成作业的一种肯定。

对于小学一二年级的孩子来说，可以采取积分奖励，每次高质量完成作业都奖励 1 分。比如，积攒 10 分或 20 分，就可以给他买一样他喜欢的物品，也可以奖励他看自己喜欢的动画片。如果一星期中，孩子每次作业都获得了积分，那周末时就可以允许他看一小时的动画片（当然，这是对平时不看电视动画片的孩子来说的，那些天天看动画片的孩子，显然就不适合这种方式了。不过，我还是强烈建议不要让孩子每天都看动画片或电视，平时尽量少看），或者以积分换一次去动物园、游乐场游玩的机会。

对于小学中高年级、初中的孩子也可以采用这种方式，有时候孩子正常需要买的东西，比如书、比较贵的益智玩具，只要不是特别着急用的，也可以用积分来换。这样做，可以说是一举两得，既能让孩子养成良好的写作业习惯，又能在一定程度上激发他对益智玩具的探索欲望，因为玩具不是轻松得来的，他就会比较珍惜，就会更努力去探索其中的奥秘。

不过，这个奖励也有禁忌，最好不是电子游戏。

我知道有的妈妈在孩子每次主动高质量完成作业后，都会奖励孩子玩 30~40 分钟的电子游戏，这反而是有问题的。

因为电子游戏比动画片更容易让孩子上瘾。年幼的孩子一旦接触上电子游戏，就会非常容易深陷其中，难以自拔，是非常有害的。所以，一定要慎用这种方式去奖励孩子。

当然，有奖励还应该有对应的惩戒。

也就是说，做得好有积分，做得不好的话，不仅不能得积分，还要适当扣除积分，以对孩子起到警示的作用。

一般情况下，如果孩子知道做不好作业会扣分的话，他也就认真了，不会故意去挑战这个规则。

其实，积分奖励在某种程度上还属于外在的奖励，对于缺乏内在动机的孩子来说，外在奖励的吸引力还是很大的。

而随着外在奖励收效越来越明显，就可以慢慢转向内在奖励，比如给孩子一个拥抱，用赞许的微笑回应孩子，等等，类似这种社会性的回应，会让孩子感觉自己被肯定、被接纳，他会获得自信，有成就感，也会有获得感。最终，达到自觉主动写作业的良性循环。

写作业也会发生"战争"？

——避免因为写作业而发生"亲子大战"

看到这个标题，你会做何感想？是不是有一种很熟悉的感觉？的确，因为孩子写作业这件事而引发的"亲子大战"确实不少见，甚至会在一个家庭重复上演、天天上演。所以，我们有必要就此话题展开讨论，看是否可以避免因为孩子写作业引起"亲子大战"。

所谓"亲子大战"，就是父母与孩子之间，因为写作业这件事而发生各种各样或大或小的冲突。真有这么严重吗？不妨让数据来"说话"。

2018 年第 5 期《半月谈》的一篇报道《陪作业陪出焦虑症》指出：某中小学人工智能教育平台近日发布互联网教育大数据调查报告——《中国中小学写作业压力报告》。

调查报告显示，中国学生每天写家庭作业的时间长达 2.82 小时，或居全球第一。而"陪作业"已经成为影响家长幸福感、诱发亲子矛盾、家校矛盾的社会问题。

该报告还显示，75.79% 的家庭因为"写作业"发生过亲子矛盾。

确实，一些妈妈在面对孩子的作业问题时，很容易丧失理性，变得很不冷静，甚至不惜跟孩子吵架，母子、母女抱在一起痛哭的场景，也是比较常见的。

类似因为辅导孩子写作业而"心梗住院""脑出血奔急诊"等现象，也屡见不鲜，值得关注，值得每一位妈妈警惕，不要在孩子写作业这件事上做无谓的"牺牲"，一定要控制住自己。

那么，如何避免因为作业引起的"亲子大战"？

可以想想看，不起亲子冲突的主导权掌握在谁手中？

有一次，有位自称新加坡某节目主持人的朋友在我的微信公众号后台留言。当时我发了一篇文章，主题是《你还要冲孩子大吼大叫多久？"发疯"的妈妈对孩子有多大"杀伤力"？》

这位朋友留言说："正因为孩子无缘无故哭闹才会引起家长发火，源头是孩子。孩子不哭，家长不会发火。"

我跟她回复说："孩子哭，有时候也是一种正常的情绪表达。"

她接着又说："你这么回答，是不是有同情弱者的嫌疑？"

我说："不是同情弱者，是成人需要真正了解孩子。"

她又说："因为你在为孩子的哭泣找理由。"

那到这里，可能基本就没有再继续对话的必要了，她可能还真的暂时无法理解这些话。

再说回来，就因为写作业而起亲子冲突这件事，如果给妈妈和孩子划分一下责任权属的话，大概社会上比较流行的8020原则在这里也比较适用。

怎么讲呢? 就是妈妈（家长）要负80%的责任，孩子只承担20%的责任。

也就是说，要想不因孩子写作业发生冲突，主动权握在妈妈的手中。

就像我写的另外一本书的名字——《妈妈情绪平和，孩子幸福一生》（北京理工大学出版社2018年6月出版）。真的，如果妈妈能心平气和地辅导孩子写作业，孩子就是想发火，他都找不到突破口，都会不好意思。

所以说，教育最大的死敌，不是孩子不听话，而是妈妈的坏情绪。孩子写作业也是一样的道理，只要妈妈有情绪在，孩子的作业就不可能写得很平静，很顺利。

怎么办呢? 妈妈怎样才能让自己在辅导孩子写作业这件事上不失控、不爆发"亲子大战"、发挥更好的作用呢? 我也总结了几个要点，就用接下来的几个小节跟大家一起分享一下。

妈妈要注意控制好情绪！

——妈妈越平和，孩子写作业越自律

无论是辅导孩子写作业，还是指导孩子为人处世、读书学习、做事成长等，做妈妈的都应该注意控制好自己的情绪，让自己拥有高情商。

要特别坚定一个信念：妈妈越平和，孩子越自律！这一点可以推而广之，比如写作业，妈妈越平和，孩子写作业越自律。

这一点可能是大家没有意识到的，一般认为，只有高压对待孩子，他才能听一点，一放松他就不听了。

确实会有这种情形，但这有一个前提，就是他已经习惯了这种模式。哪天，你对他不强制、不高压，他反而觉得少点什么，所以就故意等你的强制和高压，结果你就越发认为，强制、高压是有效的。

但实际上，这是一种假象。没有一个孩子从内心喜欢被这样对待。

所以，妈妈应该让自己平和一些，开始孩子可能不适应，没关系，坚持下去，给他足够的信任感，他就会向着你期待的方向努力。

其实包括之前在强制、高压下他才听话，也是你期待的结果。

什么意思呢？就是你真正期待什么，孩子就努力去达成什么。你之前不相信他有自动自发的能力，那他就必须靠你的催促，但你现在真正相信他了，他也就有了自信心，因为他得到了你的认可、承认，或者说是赏识，那他就会努力不让你失望。道理就是这么简单。

所以，在孩子写作业这件事上，妈妈要自律，要努力做一个不吼不叫、温和坚定的好妈妈。

具体怎么做呢？我想一两句话也说不清楚。总之是要提起这个意识来，时时提起来，甚至把"淡定""莫生气"等字眼写在手心里，在辅导孩子写作业的时候，经常对着手心看看，也是很管用的。

再具体化一点，要从哪些方面下功夫呢？不妨参考以下要点：

第一，认知篇：别让你的吼叫成为孩子童年的阴影

大吼大叫已经取代打骂成为新的体罚

吼叫有毒，别让孩子的童年只记住你的吼叫

"都是为孩子好"只是吼叫的借口

吼叫—后悔—再吼叫：突破看似无法破解的死结

戒掉吼叫，一个不吼叫的妈妈胜过 10 个好老师

第二，探索篇：冲孩子大吼大叫的深层次原因

追踪自己在什么情况下会情绪失控、大吼大叫

寻找藏在愤怒之下的原因

你心中的愤怒真的来自孩子？

原生家庭的影响——你的父母也经常对你吼叫？

你是否感到生活和工作过大的压力？

夫妻关系紧张是否也会让你迁怒于孩子？

你在试图操控孩子吗？

你没有能量爱自己，也就没能量爱孩子

第三，实践篇：做不吼不叫的好妈妈，少些吼叫多些爱

接纳孩子，接纳自己的不完美

给孩子一点成长的时间

站在孩子角度，接纳孩子的情绪

少些功利心，就会少些吼叫

妈妈愿反省，孩子才愿改变

简单即幸福，试着去简化生活

学会与先生配合，你不应该是一个人在"战斗"

洞悉孩子的心理，读懂孩子就会少很多吼叫

跟上孩子心理成长的脚步

少点说给孩子听，多点做给孩子看

正面教育——不吼不叫，与孩子正向沟通

学会情绪管理，做自己情绪的主人

建立情感联结，从愤怒到平静

培养自我情绪感知能力，觉察孩子的情绪

告别尖酸与刻薄，不要低估任何一句话的影响

积极关注与积极心理暗示

给孩子立定规矩，少吼少叫少生气

教孩子学会自我管理，孩子自觉我省心

当然，如果想彻底改变自己，不仅面对孩子的作业，而且着眼于孩子的整个教育，以及自身的心性提升与人格发展的话，不妨读读《妈妈情绪平和，孩子幸福一生》，上面呈现的几点内容，在这本书中都有详细讲述。相信你读后一定会有恍然大悟的感觉，我特别期待有这样的效果出现。

妈妈不爱我！

——重视解决孩子的情绪问题，让他感觉妈妈是自己人

孩子有情绪，很正常，做妈妈的要正视这件事，要接纳他的这种状态，但是接纳并不等于放纵不管，而是要教他学会控制情绪。

情绪不仅会影响孩子的作业，还会影响成绩。所以，妈妈要关注到孩子的情绪变化，要想让孩子好好写作业，先要把孩子的情绪问题解决了。

孩子会在学习中面对一些压力、会遇到人际关系的问题，可能还会对老师、同学不喜欢，对父母逆反，甚至在学校或家里挨了批评、考试成绩不好，等等，都会带给孩子比较大的情绪变化。而这些，可能就会反映到作业上。

怎么办呢？不要试图压制孩子的坏情绪，只提醒他"你这样做不对"是没有效的。

因为这样做，孩子的坏情绪不仅没有消失，在你的压制下反而会不断反弹，或者在以后积压不住的时候突然大规模地爆发出来，从而让家庭变成妈妈与孩子两个人负面情绪的"战场"。

所以，要理解孩子。

比如，可以对他说，"你有情绪，妈妈特别能理解你，妈妈要是你，也会有情绪的"，这样一说，孩子就能感觉到你对他的理解与接纳，接下来你再心平气和地说一下自己的看法，他就比较容易接受。

再比如，带孩子做这样一个总结：

自我行为→（导致）事件后果→（引发）内心的某种感受→做出总结→要对自我负责。

我们一步步来解释：首先，就是当孩子面对作业有不愿意写的情绪时，会导致什么样的后果？可以大致总结一下：

第一，亲子之间的冲突。

第二，会被老师批评。

第三，学习成绩下降。

……

这样的结果，孩子会有什么感受？

肯定会不舒服，会难过，因为他有自尊。

怎么办？

要总结，要想一想：这么做是不是应该？是不是有道理？是不是可以改变？

再之后呢？就是孩子要对自己的行为负责。

有一句话说："责任的承担是成长的开始。"做妈妈的要把这句话蕴含的道理跟孩子讲透。他明白了，就会下定决心去改变。努力改正了，结果就变了，自己就会进步，那心情就会更好，就会更愿意写作业，学习成绩就会上升，进而又会促使自己更加喜悦、努力……一个要写、愿意写、爱写作业的良性循环就建立起来了，孩子、妈妈、老师皆大欢喜。

整个过程，妈妈都应是平和的，不否定，不抱怨，不吼叫，不呵斥，不打骂，不贬低，不怀疑他的能力和认真。

也就是说，即使孩子不爱写作业，妈妈也要努力做到心平气和、"理直气和"，而不是理直气壮、得理不饶人。只要不跟孩子对立，你就会向着善解人（孩子）意的方向前进。

只要妈妈能这么做，妈妈跟孩子之间就不会发生冲突。而孩子也不会是木头、铁块一个，他也会让内心慢慢平静下来，并对一切都心怀善意。当然，这个"一切"也包含作业在内，慢慢地，他就不会再烦写作业，亲子之间的冲突自然也就消弭了，而孩子也在这个过程中学会了控制情绪。

哼，又是×××！

——不攀比，不用"别人的孩子"怒怼自家孩子

在生活中，很多妈妈总是有意无意地把自己家的孩子跟别人家的孩子做各种对比，尤其是在学习方面，更是习惯于比较。

别人家的孩子，一般都是自家孩子的"宿敌"，大概有这样一些特质：从来不玩游戏，不聊 QQ，不喜欢逛街，天天就知道学习，又听话又温顺，回回考第一，不让人操心……简直是集天下万种优点于一身的人。

讲一个小段吧，关于"人家的孩子"的：

妈妈在训斥孩子：小明考第几名？

孩子：第一名。

妈妈：小明玩游戏吗？

孩子：不玩。

妈妈：人家小明考第一名，都不玩游戏。看看你！

妈妈在训斥孩子：小明考第几名？

孩子：第一名。

妈妈：小明玩游戏吗？

孩子：玩。

妈妈：人家小明考第一名，才高兴地去玩游戏的。看看你！

妈妈还在训斥孩子：小明考第几名？

孩子：倒数第一名。

妈妈：小明玩游戏吗？

孩子：不玩。

妈妈：人家小明考倒数第一名，都知道不玩游戏。看看你！

妈妈又在训斥孩子：小明考第几名？

孩子：倒数第一名。

妈妈：小明玩游戏吗？

孩子：玩。

妈妈：人家小明考倒数第一名，才难过地去玩游戏的。看看你！

看，无论"小明"是哪种情形，都是自家孩子各种"不好""不应该""不如人"……理由只要去找，总还是有的。

不得不承认，有很多妈妈就喜欢拿自家的孩子跟别人家的孩子比，希望孩子能以人家为榜样。但往往是，自家的孩子满足不了妈妈的虚荣心，所以妈妈就会不断向孩子施加压力，结果孩子力不从心，要么拼命反抗，要么破罐破摔。

所以，妈妈的盲目炫耀、攀比孩子只会带给孩子痛苦与不满，甚至会诱发个别孩子的心理问题。

当孩子不能给妈妈"长脸"的时候，这样的妈妈自己又何尝不是痛苦不已呢？

可见，这样的行为对自己和孩子的伤害都是不可避免的。而且，比较，对孩子本身就是不公平的。作为妈妈也完全没有理由，盲目拿孩子和别人比。

当你不拿别人的孩子比自己的孩子时，孩子会比较轻松，你也不会太紧张，因为孩子是不同的。

每个孩子从生命形成的那一刻开始，基因就决定了他们之间的差别，再加上后天家庭环境、父母的文化水平、道德修养、职业、育儿经验等各方面的素质都是不同的。可以说，遗传和环境的不同必然会培养出不同的孩子来。

如果非要进行比较，做妈妈的就先从自己的育儿理念和投入家庭教育上的时间与精力开始对比吧，那样一定可以找到孩子间存在差异的原因。

所以说，如果孩子在写作业这件事上有什么缺点，就指导他、鼓励他克服这个缺点，而不是将"别人的优点"这个"大盐块"撒在孩子的缺点这个"伤口"上，否则他也许会因此而放弃继续努力，进而变得自暴自弃。

只要妈妈能够赏识孩子的闪光点，以一种平和的心态对待孩子暂时的不足，即使他跌倒千万次，也一定能保持信心，将自身的优势发挥到最佳状态。

要注意把眼光放回到孩子身上，纵向比，也就是看看他今天比昨天进步了没有，比前一周，比上一个月进步了没有。只要有进步，你就应该祝贺他，这就是对孩子的一种赏识、鼓励与肯定。纵向比，可以比出孩子的信心，激励他取得长远的进步。

所以，妈妈要善于发现孩子在写作业这件事上的点滴进步，多引导他和自己比，从而增加他的自信心。

此外，当孩子因为别人的评价或者比较而产生一些负面情绪时，也要注意引导他发现自身的优点，从而增强他的信心。

告诉孩子，写作业并不是一件痛苦的事！

——学而时习之，不亦说乎

写作业，在一些孩子眼里，可能是一件"苦差事"，作为父母，就不要再强化这种"苦"了，而是要引导孩子认识到其中的"乐"。

有一位妈妈抱怨，孩子写作业经常感觉很痛苦。

为什么？因为孩子的爸爸经常给孩子灌输这样的"理念"："读书就是一件很苦的事、写作业本来就很痛苦，不会快乐的。我从小就这么过来的。你坚持下去就好了。"

果然，这个才上一年级的孩子，几乎每次写作业都要哭泣，她妈妈哄他的时候，她爸爸还不忘在一边强调，"苦就对了，现在苦，以后才不苦""学海无涯苦作舟"等。

我想，这样的说法是有问题的，为什么呢？就"学海无涯苦作舟"的

"苦"来说，那是"刻苦努力、勤奋"的意思，而不是"痛苦"的意思。

孔子在《论语》开篇第一句话就说："学而时习之，不亦说乎？"可见，学习不是痛苦的，写作业也不应该被渲染成为一件痛苦的事。

想想看，痛苦的事，谁愿意干呢？

如果从一年级就跟孩子强调写作业、学习很痛苦，孩子怎么能坚持地下去？坚持12年、16年，他怎么能够不厌学？所以，还是要让孩子感觉写作业是一件很快乐的事。

这就需要我们的一点小策略：

比如，引导孩子把作业题目当成是一个又一个任务包，每完成一个任务包，就可以从妈妈那里获得一个笑脸标志，集齐足够的笑脸标志，就能得到一本自己想要的书。

还比如，写作业的时候，可以总结一些有意思的记忆知识的方法，编个顺口溜，自己读一读、念一念，或者和妈妈一起念一念，感受知识中的快乐。

或者，发现作业题目中的一些有趣的现象，无论是数字的排列或者文字的组合，都能成为可以探讨的地方。

这些做法都可以让孩子保持放松的心情，从而更主动、愉悦地写作业。

第三章

写作业拖拖拉拉，怎么办？

——掌握时间管理技巧，写作业又快又好

孩子写作业慢、拖拖拉拉、磨磨蹭蹭这件事，已经让很多妈妈越来越抓狂。任你嗓门"高八度"、大吼大叫，孩子完全不为所动，他依旧是慢慢悠悠地"牵着蜗牛散步"。还有很多孩子平时做事雷厉风行、风风火火，很有效率，但就是写作业慢慢腾腾、拖拉磨蹭，一点都不带着急的，说了多少次也不管用，软硬好像都吃一点点，但长期下来却没有什么效果。怎么办？还是要想办法教孩子学会掌握时间管理技巧，从而让他写作业又快又好。

看，这就是时间啊！

——用各种方法强化孩子的时间观念

孩子写作业拖拉磨蹭，跟他对时间没有很好的认知有很大关系，也就是在孩子的意识里，还没有建立起时间观念来。

先讲一个案例吧：

有个小学二年级的孩子写作业慢得出奇，从晚上7点写，一直能写到10∶30甚至11点，作业好像也不多，就是慢慢腾腾。

妈妈甚至因为孩子写作业慢而辞职了。为什么？因为陪孩子写作业休息太晚，以至于第二天工作完全没有状态，身心疲惫，哈欠连天。所以，干脆辞职专门辅导孩子写作业。妈妈每天就看着孩子写作业，但孩子就是老写不对，就是拖拖拉拉、磨磨蹭蹭。妈妈最后就冲着孩子大吼一番，结果孩子就会抹眼泪，还得再哄他。这实在是搅得全家人、甚至左邻右舍都不得安宁。

在这位妈妈看来，陪孩子写作业简直比上班还累。

类似这样的情形我们可能都比较熟悉，要么就发生在自己家，要么就发生在我们周围。

孩子写作业拖拉，跟孩子没有时间观念有很大关系，所以，要教孩子学会管理时间。

对于低年级的孩子来说，除了知道上学迟到挨批，算是时间观念之外，实际他在写作业上并没有什么时间观念。虽然小学一年级下学期就学了认识时间，但那仅限于数学知识。所以，在写作业的时候，孩子通常认为时间还有很多，于是呢，他就总是先玩，再写作业。

当然，这也跟一些妈妈的放任有关。

有一次我就接到一个妈妈的电话，她咨询了一个小时，因为她的孩子正读小学一年级的下学期，就是不爱写作业，总是拖到很晚。

我问她："当孩子不写作业时，你是怎么做的呢？"

她说："我故意不管他，我怕管多了，孩子写作业就依赖我了。"

你看，她的担心太早了，因为孩子都没有养成写作业的好习惯，没有建立起写作业的意识，一直处于被放任的状态，又怎么会没有依赖心理呢？他连这个"不依赖"的意识都不会有。

类似这些情况，都在很大程度上导致了孩子写作业时的磨蹭、拖拉，所以要培养孩子的时间观念，就要从教他认识时间开始做起。

尤其是对小学一二年级的孩子来说，虽然数学课本上已经学了钟表，但那还只停留在教科书上，时间概念还没有完全生活化，所以，要帮孩子把钟表从书上拿下来。

有两种处理方式：

第一种处理方式是利用钟表模型。

可以通过拨动时针、分针，教他真正认识时间，再对应真实的钟表。在做每项正式的、清晰的活动或事情时，都提醒他看时间，比如，现在早上 6：45，我们开始吃早饭；现在晚上 7：15，我们开始写作业，现在晚上 8：30，我们开始洗漱……这样慢慢建立起孩子在实际生活中的时间观念。

第二种处理方式是画时间、画钟表。

孩子实际画过时间（包括钟表的时针、分针，甚至是秒针），他对时间的印象才会更深刻。

这两种方式都是建立孩子时间观念的前提。

当然如果孩子已经三四年级、五六年级了，这一步就可以直接省略。

强化孩子的时间观念，还有一项很实用的"技术"——一分钟专项训练，让孩子感受一分钟之内可以做什么事，做多少事。

比如，一分钟口算。

针对孩子的数学学习内容，准备几十个加减乘除的口算题，规定做一分钟，看孩子能完成多少道题目。这样，孩子就会明白，一分钟内能算这么多题目，那坐在桌前好几分钟、十几分钟都算不出几道题的话，就说不过去了。

再如，一分钟数字书写训练。

每天让孩子练习一分钟书写0、1、2、3…15、16…一直往后写，看看一分钟能写到多少，但要保证完全正确，在某种程度上，这也是专注力的训练。随着孩子越写越多，越写越顺，他就会有一分钟能写很多数字、能做很多事的感觉。

又如，一分钟写汉字书写。

就是孩子语文课本正在学的生字，不用刻意找难写的，没学过的。看孩子一分钟内能写多少汉字，做个记录，让孩子自己感受一下，平时写作业时是不是浪费了很多时间，以后写作业再浪费时间，是不是就不合适了。

在每次训练完之后，要及时记录孩子的成绩，并与之前的成绩进行对比，训练以一星期为一轮，每天一次，连续7天，可以坚持2~4轮，孩子就会有明显的改观。

孩子，你要自己掌控时间！

——教孩子学会给自己制定时间表并严格执行

还有一项任务需要妈妈来完成，就是通过教孩子学着给自己制定时间表的方式来教他学会掌控时间，以更有效地应对写作业拖拉磨蹭这件事。

这个时间表，实际上也就是每天的学习和生活计划，主要体现在时间上。也就是在什么时间做什么事，要落在白纸黑字上，清清楚楚地写下来。

呈现的方式类似学校每天的课程活动时间表，几点几分到几点几分，做什么事，两件事之间应有休息时间。每件事后再列7个括号或方格（以一星期为单位，代表从星期一到星期日），每按照时间做完一件事，就里面打一个对钩，做记号。

序号	时间段	落实事项	执行周期（从星期一到星期日）	备注
1	8：00—8：40	×××××× ×××	（√）（ ）（ ）（ ）（ ）（ ）（ ）	
2				

续表

序号	时间段	落实事项	执行周期（从星期一到星期日）	备注
3				
4				
5				
...				

一张时间表可以用使用一星期。一般来说，3 星期 21 天就能养成一个好习惯，所以不妨给孩子打印 4~5 张这样的表格，以巩固这样的习惯。

但孩子可能在这个过程中不会那么一帆风顺，所以，不妨多打印一些，甚至打印出两个月、一学期的表格来。

要知道，习惯都是实践出来的，不是想出来的，不是光说不练的。这一点，妈妈要明白，也要让孩子明白。

这个对勾，是孩子对自己的监督。当然，对于一二年级的孩子，妈妈还是要监督孩子完成，如果他没有及时完成，还得提醒他。

对于小学中高年级的孩子来说，初期的过程，其实也需要妈妈适度的督促与帮助。一定要注意，是适度帮助，而不是包办代替，还要注意提醒时的语气、语调跟表情。

在制定这个时间表的时候，妈妈可以跟孩子一起讨论，帮他参谋一下，但最终的时间表还是要征得孩子的基本认可，当然，完全认可最好。

妈妈不能高高在上地直接制定好让孩子执行，否则他会不情愿。这个时间表如果能够严格执行两三个月甚至一学期的话，孩子就会成为一个做事有效率的人，写作业更是会变得自动自发。

道理就是这么简单直接，关键是妈妈和孩子一定要用心去做好这件事，而不是敷衍了事。

不过，要提醒的是，妈妈要做的工作，还是关键性的辅助，而不是面面俱到的提醒甚至是代劳，比如不要对着时间表说：

"该写作业了！"

"该吃饭了！"

"该关电视了！"

"该洗澡了！"

"该关灯了！"

......

妈妈一股脑地提醒，对于孩子的自我成长没有任何帮助，因为他还是被动地接受时间安排，自己不用操心，那他的时间观念就建立不起来。

所以，要让孩子自己成为时间的主人，而如果你事无巨细地提醒孩子，替他分分秒秒都安排好，那孩子只能成为时间的奴隶。

写作业也需要点规矩！

——列几点规矩，促进孩子写作业遵守时间

俗话说，没有规矩，不成方圆。规矩，是孩子做事的边界。所以，该有的规矩还应是有的。不然，在孩子看来，对于不按时写作业、拖拖拉拉，反正也没个说法，那就继续拖拉、磨蹭吧！

但这个规矩的制定，还是要征得孩子的同意与认可。

就孩子写作业这个问题，不妨列举几点规矩：

第一，养成"回家先写作业再玩儿"的好习惯。

这一点最好能够严格执行，"雷打不动"，除非有极特殊情况。

第二，在正式写作业前，最好是先复习当天所学的内容。

因为有时候孩子不能完全在课堂上掌握所学的内容，如果回家不复习就直接写作业，反而是"欲速则不达"——因为不会做而耽误时间。

再有一种情况就是，硬着头皮在所谓的"规定时间内"完成作业，在作业的"量"上是完成了，但是很难保证"质"，结果还是有很大问题。

所以，先复习再写，无论是对低年级的，还是高年级的孩子，都是非常有必要的。

哪怕是完全掌握了，也可以在写作业前比较快速地浏览一下所学内容，从而让功课更加深刻地印入大脑。

第三，给孩子一个闹钟，并在写作业前定好闹铃。

用闹钟督促孩子写作业，有助于孩子快速高效完成作业。

有个三年级的孩子之前写作业很慢，磨蹭拖拉，一会儿喝水，一会儿上厕所，而且还会在厕所里待很长时间，一会儿玩儿橡皮，一会儿愣神……

一般正常 40 分钟就能完成的作业，他得用两个小时。

后来，妈妈就把小闹钟用上了。初期先跟孩子估算正常做作业需要的时间，然后定上闹铃，几次之后，就放权给孩子自己定闹铃，每次 40~50 分钟的时间限制。

使用闹钟有个小技巧：就是在预定完成时间前 10 分钟提醒，就像大型考试倒计时 15 分钟提醒一样，有助于孩子在最终限定的时间内调整写作业的状态。

从那以后，这位妈妈就不再催促孩子"快点、快点"，因为闹钟已经替代她催促了。

闹钟的催促要比妈妈的催促让孩子感觉更舒服一些，孩子也更积极努力，速度快了很多，每次都能提前完成作业。

在这个过程中，孩子体验到了写作业的成就感，因为没有了妈妈的催促，孩子也感觉很轻松；再加上每次妈妈都会表扬他努力、用心（当然，表扬都比较有针对性，也就是善于发现孩子每次写作业时的闪光点——"今天作业比昨天快了5分钟""今天整理书包比昨天快多了"……），结果孩子就会更开心，作业、学习，甚至是生活都变得更加自觉，形成整体的良性循环。

因为倒计时会给孩子一种紧迫感，会让他不自觉地集中精力加快写作业的速度，从而提升写作业的效率。所以说，做到量化、具体化、精细化，比笼统地说一句"快点"要管用。

如果孩子哪天慢了一点，可能也是有原因的，所以这点也没有什么原则性的关系，可以假装看不见，有意识地去淡化，不要去打击他，以免大好的局面被打破。

对于"给孩子一个闹钟"这件事，我有一个更好的建议：用电子倒计时表。随时可以看到还剩几分几秒，更有助于提升孩子做作业时的专注力，当然也会提升写作业的速度。

另外，不仅要给孩子定规矩，妈妈也需要给自己立点规矩：

第一，不要一遍遍催促孩子写作业，成人都很讨厌被催促的感觉，何况孩子呢？再就是不要长篇大论跟孩子讲写作业多重要，道理不用讲太多，更不用天天讲，讲多了他就自动屏蔽了。

第二，也不要跟孩子做"隐形交易"——尽快写完作业，就让你玩手机、iPad，或看动画片……这反而会让孩子老想着玩手机、看动画片。所以，这时候虽然写作业速度提上去了，但作业的质量很可能会下降，最终孩子无法自律，没有办法严于律己。

第三，以身作则，树立榜样，让孩子无话可说，比如跟孩子一起看书、学习，而不是懒散地窝在沙发上看电视、玩手机。这样的话，孩子就会老老实实写作业，而不会跟妈妈攀比。

第四，要保证孩子对作业的兴趣与写作业的效率，有一个前提，就是要给孩子独立思考的空间，相信他的能力，妈妈不要扮演"保姆"的角色。如果包办代替孩子思考，直接或近似直接地给孩子答案的话，就等于剥夺了他发展自身能力的权利。

哈哈，我能掌控自己的生活了

——时间观念训练，由作业延伸到生活

对孩子时间观念的训练，不仅体现在作业上，还体现在生活的方方面面，比如早晨起床不磨蹭，不拖拉，吃饭不愣神，出门不催促。

怎么办？不妨教孩子"起床五部曲"——起床后，要主动做的五件事：

自己穿衣服；

洗漱；

叠被子；

吃早餐；

再次检查出门上学前的各种物品。

这个可以定位为跟时间赛跑，提前做好"时间安排顺序表"，每段的时间可以稍有富余，以免孩子太紧张，不利于吃饭消化，也就是几点几分做什么，孩子非常清楚，对照时间表就可以了。

如果某一段时间晚了，那就提醒孩子赶紧加油，要在接下来的一段"工作"中跑赢时间，把落下的时间赶回来，一直到出门上学。

这样，孩子就会非常有时间观念地、有序地完成早起到上学的一系列程序，而且会比较积极主动。

经过一段时间的锻炼，孩子就会逐渐养成习惯，渐渐也就有了时间观念，即使没有妈妈的提醒，他也会做得比较好。孩子生活中时间观念的养成，也会带到学习上，那写作业自然也会比较抓紧时间完成，从而把节省下来的时间用于自己喜欢做的事。

再次强调，妈妈一定要努力维护好这个局面，尽可能不要给孩子再安排额外功课，不然，好不容易才有的改观可能一夜就回到了"解放前"。

因为有的妈妈确实见不得孩子太"清闲"，一看孩子特别悠闲就莫名地紧张或不舒服，唯恐他浪费了很多读书学习的时间，所以就再给孩子安排其他学习任务。显然，这是非常不合适的。

写作业的"约法三章"

——尝试跟孩子签一份"好好写作业协议"

对于不好好写作业的孩子，也可以尝试跟孩子来一个"约法三章"——跟他签订一份"好好写作业协议"。

所谓的协议，就是双方或者两方以上的实体对象为了实现某种目的而达成的一致意见。这其实也是对孩子的一种尊重，毕竟在很多妈妈那里，因为孩子不写作业而对他进行训斥都只是妈妈单方面的表现，孩子只是承受催促、教导甚至责骂的一方。

所以，倒不如用这种"好好写作业协议"的方法，来让孩子感受到尊重，同时也感受到作业对他自己的重要性，让他能具备主动意识。如此和平的解决方式，也许反而更有效果。

有一位妈妈是这样做的：

她的孩子上三年级，写作业是个老大难，各种问题一大堆，让她很头疼。

有一天，她突然想到，在工作中总是会和客户签订各种协议，协议一出，因为具有法律效力，所以双方都要遵守，这比什么口头的承诺、催促、提醒都管用。

于是，她也试着和孩子签订了一个"好好写作业协议"，里面写上了孩子目前的状况、改正的情况，还列出了一些相应的奖惩措施。

协议的方式对孩子来说很新鲜，而她也真正按照协议中所说的奖惩措施，来应对孩子写作业的各种情况。

一段时间之后，孩子写作业的情况有了一些改观，虽然还没完全达到她最期待的效果，但协议还是起了比较好的作用。

这确实是一个可行的方法。签"好好写作业协议"体现了对孩子的尊重，是把孩子当作一个独立的、与妈妈平等的个体来对待的，而不是再简单地吼叫他、呵斥他、批评他，所以，孩子也就能够感受到这份尊重，从而更愿意遵守这份协议。

跟孩子签订"好好写作业协议"有几点需要注意：

第一，要跟孩子一起确定协议的具体内容，而不是妈妈单方面拟定，让孩子无条件遵守。双方真的要做到友好协商各种细节才可以。

第二，要把协议放在一个显眼的地方，孩子一眼就能看到，从而起到随时约束和提醒他的作用。

第三，协议是可以修订的，因为孩子可能会逐渐去除一些不好的习惯，所以可以适当修订，但注意不要频繁修订，让孩子感觉随意性太大就不好了。

第四，为更好达成协议效果，妈妈要给孩子做好榜样，就是严格遵守协议内容，让孩子意识到这个协议不是儿戏，让他也能打起十二分精神来应对，也就是让他能主动好好去写作业，遵守协议。

第四章

边写边玩不专心，怎么办？

——应对写作业注意力不集中的好方法

有的孩子在写作业的时候总是边写边玩，或因种种原因而不能全神贯注、精力集中地投入写作业中去，其中固然有孩子的问题，比如不懂得如何集中注意力去学习、读书、写作业等，或者他连专注的基本意识也没有；还有可能是妈妈的原因，比如不能给孩子营造一个安静的写作业环境，或者总是想监督孩子，甚至是以爱的名义去打扰孩子，破坏孩子的专注力……无论是哪种情形，都需要做出相应改正，教孩子学会集中注意力。

孩子，喝点水，吃点水果……
——别以爱的名义去打扰孩子写作业

说到"别以爱的名义去打扰孩子写作业"这个话题，可能一些妈妈会感觉比较意外："我怎么会这么做呢？我多么想让孩子专心写作业啊！"

可能做妈妈的心里确实是这么想的，但在实际生活中，却没有做到心中所想、所期待的那样。如果不信，不妨来看一位妈妈的感慨：

一位妈妈曾经非常沮丧地说："我真不知道该怎么去教育孩子了！就拿写作业这件事来说，我不得不一次次过去提醒、督促。怕他渴了、饿了，还得时不时送点吃的喝的进去；怕他累着，还总得过去问一句。我都这么爱他了，可他是怎么回应我的？该不好好写作业还是不好好写作业，偷懒、撒谎，真是什么都干得出来。我操碎了心，也伤透了心啊！"

　　她说得很委屈，我们是不是也有同感呢？这样关心孩子，但他却不领情，的确会让妈妈感到有点心寒。

　　可冷静下来想一想，这难道真的是孩子的问题吗？

　　我们来假设一个情景：如果我们在工作中，有人不停地过来打扰，以各种名义来提醒、催促，那么我们的感觉是怎样的呢？是不是很烦躁？也一定会觉得自己完全没法安心工作吧？

　　这就是了，其实孩子的这种不能专心写作业的情况，与我们"以爱为名义"去做的一些事情也有很大的关系。

　　孩子可能一开始的确是想要好好写作业，但妈妈一会儿送杯水，一会儿过去问一声"都会做吗"，一会儿又让他去吃水果，一会儿再提醒他去上厕所……这就是以爱的名义打扰孩子写作业。所以，要坚决避免，不要让自己的爱成为促使孩子不好好写作业的"元凶"。

　　因为妈妈这一系列的"动作"会让本来就比较难以集中注意力的孩子变得注意力更加分散。如此多次，作业对他也就再也没有什么"吸引力"了，他当然会变得拖沓、粗心甚至是不愿意再写作业。

　　所以，在孩子独立写作业时，做妈妈要提醒自己少"介入"，别让自己对孩子的爱变成伤害。如果有话要提醒，就要在孩子开始写作业前赶紧说出来，或者是留到孩子把作业写完之后再说。一旦孩子进入写作业的模式，就要给他一个相对安静自主的空间。

　　即使是孩子在写作业过程中提出吃什么、喝什么，妈妈也不要很"殷勤"地给他送过去。当然，不是说孩子不能吃也不能喝，可以提前给他准备好，或者让他在写作业前该吃的吃，该喝的喝，也可以提前让孩子准备一杯水放在书桌前，可以在写作业间隙"补充能量"。

有的妈妈可能也会有这样一种表现：突然想起什么事，马上就跑到孩子身边说一句，孩子就不得不从作业中抬起头来，并立刻转换思维来分析妈妈所说的事，同时做出回答或者其他反应。

孩子回答得"好"还行，如果在妈妈看来他没有"好好回答"的话，就会感觉很生气，甚至还会因此而训斥孩子。更有脾气暴躁的妈妈一下子就会爆发，一番训斥之后，反而还会埋怨孩子不好好写作业。

这其实就是妈妈无理的表现了，有些事完全没必要在孩子写作业的时候说，如果不是那么紧急，就等着孩子完成作业后再解决也不迟。

当然，如果有事非当时说不可，也可以过去提醒孩子一句，但不要频繁地说。要不要处理和怎么处理，都要留给孩子自己决定，做妈妈的尽量不要催促他，也不要强迫他停下自己手中的事去做别的事。

其实对于这种情况，可以采取这样一种方法：制定一个全家都要遵守执行的时间表，什么时间做什么事，孩子该怎么做，妈妈又该怎么做，都最好写得清清楚楚。在孩子写作业这段时间里，妈妈也给自己安排一些事，要么学习、要么做事。这时候，妈妈和孩子最好是两不干涉，这样既保证了孩子写作业时的专注认真，也能让妈妈逐渐学会控制好自己的情绪。

还是妈妈厉害啊！

——"四 JING 法"帮孩子集中注意力写作业

在教孩子集中注意力写作业这件事上，我总结了一套"四 JING"法。是哪 4 个"JING"呢？是"净、静、敬和境"。以下详细讲一讲：

第一，净，即干净。

就是教孩子学会收拾书桌，在每次写作业前，都先把书桌收拾干净、整洁，把与写作业无关的东西都清除干净，只保留跟作业有关的学习用品——书本、文具等，减少对他的多余刺激，写完之后再次收拾干净。

另外，孩子书桌对面的墙上不贴卡通画、不悬挂照片……如果孩子在写作业时，有视觉干扰——眼睛、手边可触及的东西太多，注意力就会分散，如玩具（包括具有玩具性质的新式文具）、手机、游戏机等，对孩子来说都是很大的诱惑，就想伸手摸摸、玩玩，甚至直接从"心动"到"行动"，严重分神。

当这些能够扰乱孩子心绪的东西都收拾干净之后，就会发现孩子的专注力提升了，写作业的效率也提高了。

第二，静，即安静。

就是要给孩子创造一个安静的写作业的环境，如果妈妈或是大声聊天，或是看电视，或者是打电话等其他一些闹出动静的活动，孩子有听觉干扰，就无法安心写作业。

再者要注意，即使陪孩子写作业时，也不要在孩子旁边做唠叨式的辅导或者说教，因为孩子的抗干扰能力是有限的，再加上妈妈不注意调控音量、不注意控制情绪的话，这些"噪声"一定会扰乱试图或正在专心写作业的孩子，所以妈妈要尽全力"静"化孩子的作业环境。

如果孩子大了，不需要妈妈陪伴，那他在写作业的时候，也要减少对孩子的干扰，不随意打断他——给孩子送杯水、拿个水果、零食；去看看他做作业是否认真；让他帮忙给拿东西；突然想起一件事或一个问题就跟孩子聊、就问他；等等，都要避免。也就是说，不要想当然地去安排孩子的事，孩子也有他的节奏，一旦他进入了自己的"工作"时间，你就要尊重他的独处需求，除非他主动向你求助、邀请你加入，一般都不要打扰他，专心做自己的事就好。

第三，敬，即恭敬。

就是要教孩子从内心深处对写作业、对读书学习生起一份恭敬之心，有一种恭敬、敬畏的态度。因为作业、书本承载的不仅是知识，更是知识集聚之后的智慧。

　　有书读，有作业写，是在学生时代的一种幸福，理应有所敬畏。这样，他才会在写作业的时候更有仪式感，也更容易让自己专注、集中注意力。

第四，境，即情境。

　　就是要营造好的、适合专注写作业、学习的情境。当前面三个"JING"都做好了，自然也就入了这个"境"了，就像俗话说的，"既来之，则安之"，把握当下。

　　前面提到的第二个"静"，其实也可以说是心静，所谓"心静自然凉"，心静就是心安，心止，也是一种层次，一种境界，或者说是一种升华。心静可以让人"入境"，让人更专注，可以更集中注意力。

　　如果这4个"JING"的"功课"都做到位了，相信孩子在写作业集中注意力这件事上，一定会有较大改观。当然，这个"四JING法"也可以推广到其他事项上去，比如孩子的读书、学习、做事等，也可以参考。

相信你一定会专心的！

——减少对孩子的负面评价，给他积极正面肯定

很多妈妈在不经意间经常对孩子进行负面暗示性的评价，对他说"又走神""怎么就不能专心一点呢"，或是当着他的面对其他人说"我家孩子上课总是走神，注意力老是不集中""这孩子做什么事都不专心"……

结果孩子就会认为自己"爱走神""无法集中注意力""不专心"，这样的暗示会加重他"注意力不集中"心理。

所以，要给孩子积极、正面、肯定性的语言暗示，如"你一定能把全部注意力都投入学习上"，"相信你会专心做事的"。听到这样的话，孩子内心就会形成良好的自我感觉，从而建立自信。

也可以在孩子的书桌前写几张字条，孩子一抬眼就能看见。比如：

"集中注意力写作业，你的作业会写得又快又好！"

"专心写作业，就会提前完成的！"

"妈妈相信你，你一定会专心的！"

……

事实上，这些字条就像是督促孩子专心写作业的"眼睛"——因为只有孩子抬头的时候才可以看到，而抬头的时候往往是他注意力不集中、走神的时候，所以这时的小纸条既像"眼睛"一样默默地监督他，又像"嘴巴"一样温柔地提醒他……小纸条既代表了妈妈的柔性督促与关怀，也传递了妈妈的一份柔情鼓励与鞭策。

孩子注意力提升了，这是件好事，如何用暗示的方法巩固这个成果呢？这同样需要一定的技巧。来看两位妈妈的说法：

第一位妈妈说："你看现在你多好，以前你注意力总也不集中，看书都看不进去，看一会儿就又想玩玩具去了，之前的你真是让妈妈操碎了心……"

第二位妈妈说："你的进步让我感到开心，现在你都可以安静地看一个小时书了，我真为你骄傲。我喜欢你这么努力专注的样子，妈妈在这方面也应该向你学习。"

哪一种更能让孩子接受？自然是第二种。

孩子并不喜欢自己的缺点总被别人挂在嘴边，妈妈动不动就拿出来说一番，即便他变好了也还要被提及之前怎么不好，他会感到不自在，也会对以前的自己感到失望，这都会拖慢他进步的脚步。

所以，要多多肯定、暗示孩子现在的进步，从而激励他更努力。

写作业，其实就是一场考试！

——引导孩子把作业当成考试对待

一些孩子对考试很重视，但却对作业持一种无所谓的态度。所以，在写作业的时候边写边玩、不能专心也就是一件比较自然的事了。

既然孩子重视考试，而考试是有时间限制的，需要精力高度集中。那我们如果引导孩子像对待考试那样去对待作业，他是不是就会对作业重视起来并能在有限的时间内非常专注认真地完成呢？

对这个提议，有的妈妈可能会觉得不那么好实现。毕竟对孩子来说，考试本来就是一件很紧张或者说觉得很"可怕"的事，如果再将作业当成是考试让他去完成，他会不会更加厌烦作业了呢？

这个忧虑也不能说没有道理，所以要有智慧地来对孩子加以引导。

一位妈妈就曾引导二年级的孩子把作业当考试。她引导孩子说："从今天开始，咱们就把写作业当成考试，这样你就一定能省出很多时间来做你想做的事。比如，做手工、做游戏、听故事、看童话书，等等。"

果然孩子很心动，40分钟就把平时一个多小时写不完的作业写完了。这个妈妈还有点担心，问孩子："作业质量怎么样？"

孩子胸有成竹地说："您放心吧，我都是按照考试的标准来要求自己的，不但做得快，还检查了好几遍呢！"

从那以后，这个孩子就把作业当考试来对待，有了时间观念，磨蹭拖拉不见了，注意力也更集中了。当然，也有了高质量的作业，还有了更多自由玩耍、做自己感兴趣的事情的时间。真是一举多得。

因为低年级的孩子已经经历过考试，他们知道考试有时间限制。平时写作业，可能边写边玩，随随便便，但把作业当考试，就有了一定的紧张感和正式感，甚至有了一种考试的仪式感，自然认真对待，从而能保质保量，甚至高质量地完成作业了。

这样既能保证孩子精力高度集中地完成作业，还能在一定程度上促使孩子在考试时迅速进入状态，从而取得更好的成绩，因为他平时写作业就是正式考试的练兵。实践证明，这样做对考试时迅速进入状态和出色发挥还是很有效果的。

当然，这位妈妈的引导中还有非常值得关注的一点，就是她让孩子知道，认真完成作业后，富余出来的时间可以归他自由支配——做手工、做游戏、听故事、看童话书……这一点非常关键。如果富余出来的时间又被妈妈安排做别的作业，那这个"把作业当成考试来对待"的提议基本也就没什么意义了，很可能不会发挥真正的作用。所以，务必要注意。

所以，你也不妨引导孩子试验一次"考试型作业"。但不要给孩子制造太过紧张的气氛，可以给他准备一个计时器（手表、闹钟等）并约定好完成时间，把与作业无关的东西都拿走，提醒他用心、认真地去"考试"——做作业。同时告诉他，妈妈来做监考官和判卷老师。做好准备工作后，就直接"开考"。

这种体验最好要真实一些，不要嘻嘻哈哈地连哄带骗，否则孩子会没有实际的考试感觉，他也会认为这是一场游戏；但也没必要太过严肃，否则可能会打击孩子想要尝试的决心。

要注意的是，**不要将"考试型作业"当成是一种吓唬孩子的新手段**，认为只要这样一说，孩子就会害怕，就会认真去对待作业了。这样一来，也许就算用不着将作业当考试来做，他也不会忽视作业了。其实不然，这种吓唬会让孩子排斥考试、害怕考试。而妈妈如果总是用这一招来吓唬他，他也会觉得作业很可怕，有排斥感；或者久而久之，他也会对妈妈的管教变得麻木。到时候可能就变成这样：不管妈妈使用什么样的训斥或者教育手段，孩子都不会听了。所以，不要吓唬孩子，"考试型作业"是为了督促孩子像重视考试一样重视作业，而不是让他像害怕考试一样地嫌弃作业。一定要搞清楚这个方法的重点所在。

"找不同""走迷宫""做数独"……

——集中孩子注意力的小游戏与训练

集中注意力并不是孩子天生就会的，需要我们在后天对他进行有针对性的、有意识的培养。所以，采用一些简单、科学、实用的方法，对孩子进行相应的注意力的训练，还是十分必要的。这些训练，既有利于提高孩子的注意力，也有利于孩子其他能力的发展。

比如，下面这些训练方法就比较容易操作，不妨在家里尝试一下：

第一，有选择地让孩子做一些细活儿。

可以和孩子玩"找不同""找错误""串珠子""走迷宫""做数独"游戏，锻炼孩子的注意力和细心程度。

可以陪孩子下下棋，让他集中精力思考下一步该怎么走。

也可以教孩子缝纫或绣十字绣，让他体会"慢工出细活"。

还可以择韭菜、剥毛豆之类的活儿，让他静下心来做好每一个小细节……

通过这些方式，会提升孩子的注意力和细心程度。

第二，带孩子一起做手工、科学小实验。

比如带孩子一起剪纸、折纸、用超轻黏土、橡皮泥等制作小玩具，做书本上或电视上介绍的科学小实验，促进智力发育，激发探索欲和求知欲，使手指更灵活，提升注意力。

第三，一分钟集中注意力专项训练。

这第一点在前面"掌握时间管理技巧"一章中也提过，其实这种训练也有提升孩子注意力的功能。

如在一分钟内写字、做题、跑步、跳绳等，让他学会珍惜每一分钟；也可以让他在固定时间内完成某件事情，如3分钟内叠好被子、5分钟内洗漱完毕等，从而让他适当产生紧迫感，进而能集中注意力做一件事情……

第四，进行比较专业一点的特例训练。

讲两个比较专业的特例训练，第一个是"从1写到300的测试题"。

2012年6月19日，南方科技大学福建招生复试在福建师大附中举行，有一道题目"在一张单独的试卷上，7分钟内将数字1至300全部写下来"让人印象深刻，不少网友选择亲自试一番。

在这场考试中，考生几乎"全军覆没"，唯独小张和小刘二人保持零差错率"笑到最后"。小张平时做起事来就是公认的周密，而小刘则得意扬扬地分享起自己的"夺冠秘籍"，原来，他并没有按顺序书写数字，而是投机取巧地先将1到10写了一遍，然后再将1、2、3、4、5、6、7、8、9、0写29遍，最后以添加数字的方式完成了这300个数字。

事后，时任南方科技大学校长的朱清时对为什么要考这道题有个解释："这是考查学生的注意力，看他能不能写完、会写错多少。一般人坚持不了7分钟这么高强度的集中注意力，写到中间就会走神、出错。所以，这道题看似很容易，其实用它考查一个人的注意力是很见效的。"这道题很简单（想写不错又很难），但是很经典。做妈妈的也可试试。

杭州某疗养院负责体检的一位主任说，7分钟内从1写到300，测试了4个能力：人的协调性、思维连贯性、精细操作和注意力。协调性，比如你看一个人写字，他笔头是否流畅，字迹是不是歪歪扭扭。思维连贯性，是不是会漏写数字。精细操作就是看会不会写错，写错多少个数字。注意力集中与否和以上三点都有一些关系。此外，从字的大小、字体的好看与否、是整齐的还是倾斜歪扭的，都能看出一些问题。

前几年，我做客江苏教育电视台《家有儿女》节目（情境式家庭教育大型访谈类栏目）时，也提到了这个测试题，还对现场的孩子和成人进行了测试，结果有一位爸爸居然能集中注意力写完这300个数字（用时6分45秒），实在非常难得。但总体来说，从1写到300不出错，无论是对孩子还是对成人，都极具挑战性，几乎是不可能完成的任务。但在平时的训练中，却可以让孩子尝试，看看每次写不错的数字会不会有提升。

再多说几句，现在街头有类似的"游戏"（骗局），说从1写到500不出错，就可以拿走一个玩具，如果写错就需要花几十元买一样东西（当然物无所值，可能只值几元），结果很多人都认为这件事很简单，于是就去尝试，结果可想而知。从 1 写到 300 都有如此之大的挑战性，何况写到 500 呢？所以，我们对类似的街头"游戏"还是要多一分警惕之心。

再讲一下第二个特例训练——舒尔特训练法。舒尔特训练法（即舒尔特方格，Schulte Grid）是一种很不错的有意注意训练法。据说，这是世界范围内最简单、最有效也是最科学的注意力训练方法之一。舒尔特方格是在一张方形卡片上画上 1cm×1cm 的 25 个方格（可以自制，也可在网上下载），在格子内任意填写 1~25 等共 25 个阿拉伯数字。训练时，要求被测者（孩子）用手指按 1~25 的顺序依次指出其位置，同时诵读出声，也就是从 1 开始，边念边指出相应的数字，直到 25 为止。施测者（父母）在一旁记录所用时间。数完 25 个数字用时越短，表明注意力水平越高。因为寻找目标数字时，注意力需要高度集中，当反复练习强化这短暂的、高强度的集中精力过程时，大脑的集中注意力功能就会不断加强，从而提升注意力水平。

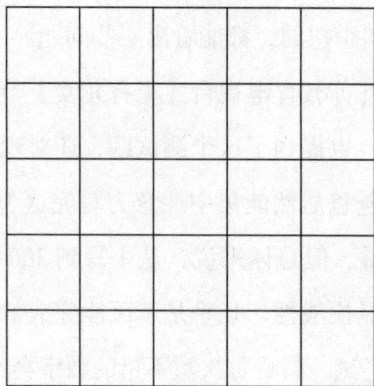

舒尔特方格

以 7~12 岁年龄组为例，达到 26 秒为优秀，学习成绩应名列前茅，42 秒属中等水平，班级排名会在中游或偏下，50 秒则问题较大，考试可能会不及格。以 12~14 岁的年龄组为例，能达到 16 秒为优秀，26 秒属中等水平，36 秒则问题较大。18 岁及以上成年人最好可达到 8~12 秒的水平，20 秒为中等水平。

如果有兴趣继续提高练习难度，也可以在 25 格里写上打乱顺序的五言绝句，再有几个不太相关的字做干扰项，类似央视《中国诗词大会》节目给选手出的题目。还可以制作 36 格、49 格、64 格、81 格的表。训练可由妈妈主持，每天坚持对孩子进行 5 分钟训练，可有效地改善孩子注意力分散的症状，明显改善和提高孩子的注意力水平，从根本上做到上课注意听讲、高效率、高质量完成作业，提高学习效率，自然而然地降低考试错误率，顺理成章地达到提高考试成绩的目的。

但很多事物都不是完美的，这种号称"简单、高效、科学"的训练方法也有其缺点，因为这种训练枯燥乏味，更适合有毅力与使命感的特殊人群，对于年龄较小的孩子采用这种方法效果可能会打一定折扣。尽管如此，做妈妈的也不妨给孩子尝试一下。

最后，再附加一项训练建议。

对于初高中的孩子来说，如果经常注意力不集中，可以让孩子抄写古诗词，每天坚持抄写 10~15 分钟，坚持 21 天以上，就会有很好的效果。

第五章

写作业马马虎虎，怎么办？

——全方位攻克写作业粗心大意的难题

　　粗心大意是很多孩子身上不容忽视的问题，在写作业方面表现得尤为突出，总是会因为粗心而出现少写、错写的等情形，成为影响学习成绩的重要因素。如果孩子写作业不能减少或杜绝此类情形，那他就容易养成粗心的坏习惯。所以，要充分了解孩子在写作业时的粗心表现，找到背后的原因，再开动脑筋想一些切实可行的应对措施来帮他改掉这个毛病，使他能认真地对待作业。

真的是粗心？ 假的！

——孩子表面看是粗心，其实是不会

当孩子做作业出了一些问题时，或者当他考试时丢了过多分数时，妈妈一问情况，孩子可能多半会说："哎呀，就是粗心了。"

很多妈妈在听到"粗心"这两个字时，内心可能都会松一口气，因为粗心意味着孩子不是不会，而是不够认真，这种情况似乎要更好应对一些。而孩子似乎也会觉得，"粗心"是解释考不好的一个很好用的原因，只要说出"粗心"来，妈妈多半也就不会大发雷霆，而是只能叮嘱几句"下次认真"，这一次的小风波就可以算是风平浪静、不了了之了。

表面看皆大欢喜，可实际上呢？孩子是真的因为粗心而出了问题吗？

如果我们没有从根源上去分析，没有多加注意，可能就会被孩子简单的一句"粗心"糊弄过去，彻底忽略了他真正的问题。

事实上，很多孩子的粗心都只是一种表面现象，尽管那些题很简单，看上去似乎是只有粗心才能解释这样的错误，可孩子的内在真实情况却是，他对知识理解压根儿就不透彻，也就是他可能根本就不会，因此只能凭借主观猜测或者推断来得出答案。

所以，当孩子再回答考不好是因为"粗心"时，可不要那么容易就松一口气了，最好还是多了解一下。只有了解了详情，才能真正做到对症下药。

第一，要了解孩子"粗心"背后的真实情况。

要了解孩子是真粗心还是真不会，可以采取这样几种办法来进行检验：

一是让孩子把做错的题再做一遍。如果孩子真的是因为粗心而错，那么这一次他已经知道哪里出问题了，一定能够很轻松地改对，而且很清楚自己应该改哪里。相反，如果孩子是真的不会，那么他就一定还会做错。

二是换个角度考查同一个问题。有的孩子对知识的理解比较死板，可能只会做和教科书上的题型一样的题，只要换一种问法他就不明白了。所以也可以将孩子已经做对的某些题来换一种问法试试，看看他是不是真的掌握了所学知识。

三是找找孩子以前做过的同样类型的题，看看是不是也都出过问题。如果以前也曾经犯过同样的错误，那就意味着孩子在这个类型的知识点上并没有学好学透。

第二，及时帮孩子弥补知识上的漏洞。

在了解了孩子的问题之后，就要及时帮他弥补这些漏洞。弥补漏洞一定要及时，不要攒着好多漏洞最后一起补，否则孩子一来能力有限，无法接受；二来可能会将这些知识点记忆混淆，反而更不利于掌握。

所以，一旦发现孩子有了知识漏洞，尤其是他还以粗心为借口的时候，就要立刻帮他弥补。此时应该去寻找漏洞的源头，看看他从哪里开始就已经不那么明白了，然后结合最基础的知识，一点点帮他理解后面的知识，直到孩子彻底弄懂知识点为止。

第三，别因为孩子拿"粗心"当借口而批评他。

对于孩子本来不会做的题却反而用"粗心"当借口的行为，有的妈妈会觉得他是在撒谎，并因此而训斥他。但实际上孩子并不一定是在撒谎，因为他可能的确不是不会，只是对某个知识点的运用死板了一些，或者只是对相关知识掌握了三成，他知道题目应该向哪个方向去思考，但可能就是思考得不全面。

所以，我们要把更多的注意力放在帮助孩子弥补知识漏洞上，而不要总在他找借口这件事上去做太多文章，尤其是不要盲目批评。

其实孩子不能自如地运用知识，对他也已经是一种小小的打击了，我们应该帮他摆脱这种无法控制自己知识的局面，让他能自信地应对作业和考试，这才能彻底避免他把粗心当成每次做错的借口。

各种小毛病，写错字、抄错符号……

——妈妈给了孩子错误的暗示

看到孩子作业上的各种小毛病，写错字、点错标点、抄错符号，一些妈妈会开口抱怨孩子："你看你，怎么总是这么粗心呢？"

跟别人聊天，说起自己孩子的学习情况，会无奈地摆摆手说："唉，他呀，就是一个粗心的孩子。"

辅导孩子写作业之后，跟自己的先生抱怨："孩子总这么粗心，我们该怎么办呢？"

……

看似都是关心的话，是在为孩子着急，也点明了他的问题，可这样的对话，孩子听来会有什么感觉呢？

也许一开始，孩子会感到愧疚，会想："唉，我怎么能这么粗心？总让妈妈担心。"可当他发现妈妈这样训斥他"粗心"的时候，他的想法就会变了，他会认为："哦，原来我就是一个粗心的孩子啊！"

一旦孩子有了这样的"自我判断"，那他就会很自然地把作业写不好、考试考不好的原因都归结成了"我很粗心"。

这样，"粗心"也就成了孩子的一个挡箭牌，用来抵挡所有的询问。可孩子真的是粗心吗？不一定呀！

孩子出问题的原因多种多样，绝对不是一个"粗心"就能概括的。如果我们总是用粗心来提醒孩子，他注意到的也就只是粗心这一点，从而彻底忽略其他更深层次的原因，那么他的问题也就没法顺利解决，到头来他依然会是问题多多。

而且，因为我们擅自给孩子安上了一个"粗心"的标签，那么他就会觉得"反正我也是粗心，做什么都做不好，无所谓了，妈妈每次也都只是抱怨粗心，抱怨几句也就算了"。如此一来，孩子就更加懒得理会自己的本质错误了。同时，他也会觉得，妈妈对他并不是那么期待，作为一个"粗心的孩子"，做不好也没办法。这样的消极想法可能还会让孩子逐渐丧失努力改变自我的意愿，变得越发没有上进心。

这当然不是一个好的发展方向，所以，不要在多种场合下暗示孩子是粗心的，我们首先就要意识到，粗心只是孩子可能会犯的众多错误中的一种。当孩子说"我就是粗心才犯了错"时，我们要有自己的判断，不要孩子说什么就是什么。

对于他粗心的表现，就用应对粗心的办法，比如引导孩子仔细审题，认真思考，反复检查，既不紧张也不"轻敌"……提醒他多加注意自己经常犯错的地方，也可以做一个"粗心备忘录"，以减少粗心情况的再发生。更进一步的细节内容，在后面的小节中再讲述。

　　而如果孩子是因为其他原因出了问题，那就让他多翻书、多提问。平时也要让孩子多练习，除了老师课堂上留的那些作业，也可以给他找一些相关类型的题目来熟悉这些知识的运用。

　　还有一点需要格外注意，就是反思一下自己：是不是平时对孩子要求太高，不允许他在写作业时犯错? 他一旦犯错，我们就批评、呵斥? 而孩子回应"粗心"时，是不是反而不会受到更多的批评? 如果是这样，那他就会寻找让他受到最小伤害的方式来逃避。这点需要我们确认，如果有，就要做到自己先放下思想包袱，再引导孩子放下包袱，鼓励他迎难而上。

　　比如，可以语重心长地跟孩子说："即便作业上有那么多错，也并不代表你是不好的。恰恰相反，作业上出了错是一件好事，因为这及早提醒了你，让你意识到你有这么多问题存在，当你都能改正后，以后的考试你也就不会再出问题了。所以不要害怕，也没必要烦恼，妈妈只是担心着急，妈妈更希望你能学会知识。"如此一来，孩子的思想包袱也就容易放下了，他也会为了解决自己真正遇到的困难而去努力。

我心急，没看完题目的要求

——教孩子学会正确无误地审题

有的孩子写作业粗心大意的表现是心急，没有看完题目的要求就火急火燎地开始答题、开始写了，如此得出的答案当然不会正确。

一位妈妈感觉自己很不能理解10岁女儿的表现，因为女儿总是急火火的样子，尤其是每次写作业的时候，都会快速翻书，快速看一遍题目，接着提笔就写。作业写得很快，但每次都有问题，不是少写，就是把要求看反，要不就是干脆没有理解问题到底是什么。

妈妈问她，她就吐着舌头说："呀，没看见那个。"要不就回答："哎呀，我没看清，原来不是那个意思啊！"妈妈就安慰说："别着急。"可女儿却摆摆手："我不是着急，就是粗心嘛，没事没事。"

这是典型的审题不到位，太心急导致的粗心。如果这是你的孩子，面对这样的情况，相信你也会很着急、很无奈。

不过，确实有些孩子就是这么性急，题目都没看完，只看见了前半部分，或者只是大概一眼瞟过去，了解了题目的一个大致意思，然后就凭着自我感觉去答题了。这样做题，和蒙题猜题也没什么差别了，也难怪会出现粗心的情况了。

所以，对于这种情况，不能只是简单地提醒孩子"一定要细心"就完了，关键还是要让他提升注意力，让他不再那么心急，至少也要把题目要求看完全。

那么我们该怎么做呢？我想不妨试试这几个小方法：

第一，不要直接吼他"慢点"，而是提醒他慢下来，并简单指导，比如可以说"慢慢读，一行一行地读，不要着急"，这就是在告诉孩子，他到底应该怎么做。

第二，引导孩子多看两遍题目要求——看题要看准确，提醒他，"再多看两遍怎么样"，这是让孩子的大脑对文字信息多一些记忆，而且也能及时补上看漏的地方。

第三，陪孩子做一些视觉训练，类似前面提到的训练注意力的方法，都可以继续再用。比如，和孩子进行"找不同"的练习，将那些字形相近的字或者看上去相像的数字放在一起，让孩子进行区分；或者和孩子玩"图片找不同"的游戏。这样的练习会让孩子对那些易混的字或者数字有极强的敏感性，即便看得速度快应该也能区分得出来。还比如，和孩子进行描述性练习，给他一张图，让他将图上所有的东西都找出来，不能有遗漏。

这也是培养他细心的一种方法，也会让他的注意力更为集中。

第四，提醒孩子注意"读题"（审题），但要默读不出声，不然在学校写作业或考试时是会影响别人的，不被允许。应该训练孩子默读的能力，让他即便不出声也能把该读的文字一字不落地读下来。所以，孩子要掌握的是思维随着眼睛动的能力，一边看一边思考，并保证将所有文字都看全，要重点培养孩子这一点。

有点紧张、有点轻敌！

——赶走导致粗心大意的两个"拦路虎"

导致一些孩子粗心大意的还有两个较大的"拦路虎"——紧张和轻敌。

紧张会让孩子的精神高度紧绷，心理压力也会逐渐增加，对于心理承受能力并不那么强的孩子来说，紧张就会让他注意力的那根弦因为绷得太紧而断掉，结果反倒没法好好看题了。所以，就会很容易出现漏看、错看、甚至少做一道题等情况。

轻敌是和紧张相反的一种情绪，轻敌会让孩子的自信心爆棚，认为什么都不在话下。轻敌也是导致孩子不注意看题的一个重要原因，正因为他觉得自己什么都会了，自己什么都注意到了，所以才会忽略了各种细节，而这也势必会导致粗心大意的出现。

对于孩子因为紧张而导致的粗心大意，要帮他缓解紧张的情绪。

比如，不给孩子过高的期待与压力，不要提什么"一个都不能错"的要求。要对孩子的学习看得开一点，成绩并不是检验他是不是学会了的唯一标准，只要孩子付出了自己的努力，只要他掌握了知识，我们就该对他宽容一些。我们不那么步步紧逼，孩子自然也就能逐渐放松下来。

再比如，帮孩子缓解在学习方面过强的"自我加压"。有的孩子个性比较好强，所以他会不自觉地进行自我加压，在学习上要求自己必须达到某种水平，如果连作业都做不好，他也会对自己很失望。孩子希望自己表现得更好，这值得肯定，但不能让孩子带着巨大压力、思想包袱去学习，否则难免使孩子情绪紧张、劳累过度甚至迷失自己。可以告诉孩子，不要给自己那么大的压力，学习就应该是轻松愉快的，如果让自己从身到心都那么劳累的话，学习效果势必不佳。

还比如，提醒孩子听听音乐、散散步，做做他喜欢的活动，玩玩他愿意加入的游戏，帮助孩子合理安排他的作息时间，让他有足够的休息和娱乐的时间，以调整时刻紧张的神经，从而帮他放松下来。

如此，因为紧张而导致粗心大意的情形自然也就减少，甚至不见了。

而对于孩子因为轻敌所导致的粗心大意，则可以"敲打"他一下。

比如，平时不要因为他的一丁点成绩就给予很高的评价或表扬，尤其是不要总说他"你是最棒的"或者说"你真了不起""你真厉害""真聪明"……而是要多夸奖他努力的过程，让他意识到自己努力这个过程才是正确的、值得肯定的，这会让他更愿意努力，也就不会太过骄傲而导致轻敌了。这也就破除了他轻敌的"资本"。

再比如，经常提醒孩子注意巩固基础。其实，轻敌也可以从正面来看，就如那句军事名言所说，"在战略上藐视敌人，在战术上重视敌人"，孩子可以看轻那些作业题，但他的这种信心要建立在扎实学习的基础上。所以，他要注意巩固自己的基础性学习，以保证不管遇到什么问题都不会因为基础不牢固而无从下手，而这也是避免出现粗心大意的重要步骤之一。

这些题都做过好多遍了！

——过多的重复练习导致粗心，注意避免

前面提到注重基础知识的巩固，这并不等于进行大量的重复性的基础练习。虽然多练习的确会让孩子能记住某些知识的运用过程，因为"熟能生巧"是很有道理的。

但凡事都讲究一个度，如果练习的次数过多，却有可能出现物极必反的情况，那就是孩子变得麻木了，对重复了千百遍的知识忽然没了感觉，到了需要使用的时候，反倒没有办法从头脑中调用，一不小心，粗心就自然而然地出现了。

这样的情况可能也是我们所无法预料的，来看下面的一个案例：

有一个孩子总是很粗心，每次老师让做抄写生字的作业，他都会出现抄错的情况，为了让他记住，他的妈妈不得不让他多抄写几遍。

可是一段时间后，这位妈妈发现儿子作业中的错误更多了，有时候抄写很多遍的生字，还是会出错。更有一次，她发现儿子抄写了20遍错的生字。这位妈妈想不通：按道理应该越练习越熟练才对啊，怎么练习那么多遍反而错得更厉害了呢？

这个孩子的情况，其实就是重复练习的次数太多，结果导致他身心疲惫，这才出现了粗心的问题。

如果仔细想一下，这种情况的发生也是必然的，孩子的注意力本来集中的时间就短，重复性的练习，让他不得不时刻集中注意力，这样他的身心会非常劳累，学习能力也会不知不觉下降，到最后他的练习可能就变成了纯粹的照葫芦画瓢，可能根本就没有过脑子，这种疲劳战术下的学习效果，又怎么可能好呢？

所以，不要让孩子在疲劳状态学习，不要等到他疲惫导致粗心的时候反而还抱怨他不认真，而是要找一下更合适的解决方法。

不要总是用重复性练习来对孩子进行"学习轰炸"。

重复性练习并不是让孩子进行练习的最好办法，偶尔一两次的重复可能会有效果，但如果总是重复练习，孩子会觉得枯燥，也会产生厌烦情绪。不妨选择同类型的题目来进行训练，这样既能起到练习的作用，也不会让孩子因为总是做同一道题而感到无聊。

要让孩子的身心获得足够的休息，劳逸结合才更有效率。

做作业需要的是一个集中的时间段，而不是一段集中的时间。也就是说，孩子做作业可以在一个时间段内，分成几部分来写，尤其是作业比较多的时候，中间应该有休息的时间，以让孩子的大脑和身体得到足够的休息，保证学习的效率。

不要把孩子按在书桌前强令他一动不动，最好是和孩子一起给他的作业订立一个合理的时间安排，保证孩子既能学习又能休息。

选择合适的方式来激励孩子消灭错误继续学习。

学习的方法多种多样，最好根据孩子的特点来选择适合他的方法。简单粗暴地重复，既能导致粗心的发生，同时还会让孩子感到疲惫，也许对某一些孩子是管用的，但肯定不适用于所有的孩子。

所以，不如找找其他的学习方法，比如，鼓励孩子建立学习的短期或长期目标，让他能逐渐减少错误，并实现学习的目标。而妈妈也要适应这些方法，要多鼓励孩子，不要总是想着惩罚，孩子只有愉快地学习才能学有成效。

整天毛手毛脚的！

——孩子性格比较急躁，适当引导使其改变

如果孩子性格急躁，就非常容易出现粗心的情形，这样的孩子写起作业或者答起试卷来的速度都会非常快，而他自己也经常感觉良好，可真等结果出来，作业上错误连连，考试成绩也不理想。

有的妈妈认为，是孩子的粗心才导致他急躁，其实恰恰相反，是孩子急躁才导致他粗心。

孩子之所以性格急躁，除了遗传所导致之外，他的生活环境、父母的教育方式等因素，都会对他的性格形成产生一定的影响。

怎么办？要纠正孩子因性格急躁而导致的粗心，需要找对切入点。

天生急躁的孩子，大概遗传因素比较多，那我们先要理解他，宽容看待并接纳孩子出现的不完美状态，不要抱怨他整天急急火火的，因为抱怨无济于事，更不要再做各种催促行为。我们自己也要收好急躁性格，耐住性子，经常提醒自己"别着急"，慢下来，给他做个好榜样，孩子也会慢慢改变。否则，如果面对孩子的急躁性格，我们自己再比他更急的话，那他就更加不知道如何去应对了。

此外，还要再对孩子做更进一步的指导：

第一，教给孩子又快又好地做事的方法。

有急躁性格的孩子总希望能又快又好地把各种事情做好，而对待作业，他也是有着同样的期待。但一着急就很容易出错，反而越做不好——欲速则不达。所以，不妨教给孩子又快又好做事的方法，让他经历一些神速而圆满的做事过程，给他一些信心。

拿作业来说，孩子若想又快又好地完成作业，就需要掌握好基础知识，做好预习、听课、复习等一系列的工作，并且提升读题、理解题的准确度与速度，即在一些"技巧"方面下足功夫。这些都需要他平时日积月累的锻炼，久而久之自然会做得熟练，得心应手。

第二，引导孩子正确对待作业，不敷衍。

孩子有时候会对作业有敷衍态度，让写就写，而且是快速写，为写完而写完，重速度轻质量，有名无实。这种态度是极其不端正的。当然，我们要先了解孩子敷衍背后的心理、原因所在，帮他克服一些不良心理的干扰，如果是确实有其他困难，也要帮孩子化解。

还要提醒孩子：敷衍或逃避作业都不是正确的学习态度，有问题要赶紧想办法解决问题，任何试图敷衍逃避、视而不见、拖而不决的做法，只会让自己失去更多。所以，对写作业、读书学习要持有正确的态度。

第三，不刺激孩子，想办法平复其情绪。

对于急躁的孩子，不管用什么办法纠正他的粗心，最好都是委婉温柔的，要避免刺激到他，不要随时随地就训斥他、冲他吼叫，否则他会更加急躁，无助于问题的解决。可以让孩子通过练字、画画、下棋等活动来缓释、平复其急躁不平的情绪。

妈妈，我记住了，下次不敢了！

——放手让孩子承担粗心大意的后果

家有粗心孩子，一些妈妈会通过训斥、说教的方式试图来帮他改正，而且颇为苦口婆心、"诲人不倦"。但结果往往不如预期，教育得越"勤"，孩子反而可能越快地再犯，他似乎对粗心大意这件事毫不在意。

怎么办？对待孩子的粗心大意，其实有一个非常有效的方法，就是放手让他自己去承担粗心大意的后果。

举一个例子：

假如孩子作业少做了一道题，他自己并没发现，但你检查的时候发现了。你会怎么办？想一下。

如果你直接告诉孩子，他当然会马上补上，从而免受老师的责备。

可这样一来，孩子却会感到很"安心"，因为他知道即便自己粗心大意也并没什么大问题，毕竟妈妈总会在后面帮他兜着，一定会帮他处理因为粗心大意而带来的各种后果，他根本就不会有过多的担心。

　　本来该是孩子自己来应对和解决的粗心大意问题，你却要来帮他承担后果，这对孩子就是一种放纵，时间一长，就会让他产生依赖心理。

　　所以，遇到类似问题，完全可以不用提醒孩子，假如他自始至终都没有发现自己的问题所在，那就让他把这没做完的作业交给老师。老师应该会因为他没做完作业而批评或者提点孩子几句，有的严厉的老师还可能会有相应的惩戒措施。

　　经历过这事之后，孩子可能会抱怨你："为什么不告诉我少做了一道题？"

　　这时你应该平静地回答他："因为那是你自己的作业，有问题应该要你自己去发现，如果你没注意到，那最终的结果就该你自己来承担。"

　　当然，如果你一直以来都在帮孩子处理他粗心大意的后果，突然有一天不管他了，他也会有所不适应，所以最好选择更为合适的方法来让孩子意识到，妈妈将不再是他可能产生不良后果的粗心大意行为的"处理者""包办者""全权大臣"。

　　当孩子看到你真的不给他担责，而他又受到某种惩戒之后，就慢慢学会为自己的作业负责了。

　　但我们也不要对此"幸灾乐祸"，不要讽刺孩子的粗心大意：

　　"我看你就是喜欢粗心！这多好啊，让老师骂一顿才舒服，你真是不嫌丢脸啊！"

　　"就你那粗心大意的劲儿，我都嫌费劲，你也好意思？"

　　"你就粗心吧，回头没人愿意理你！"

"活该，让你再粗心，以后有你受的！"
……

这些讽刺的话没有正面积极意义，都是负能量，所以大可不必说。我们的目的是要让孩子能自己承担粗心大意的后果，而不是让他彻底对自己失望。可以让他看到粗心大意所带来的危害，但同时也要给他一些信心，提醒他注意到自己的责任。当然，也不要忘了给他鼓励，这也是他改正错误的动力。

不仅是作业，其他事也是这个处理模式。

另外，还要重视提升孩子对不良后果的承受能力。

孩子因为粗心大意而所要承受的不良后果可能表现为：老师的批评或者惩戒；同学们看似无意的嘲笑；因为没做完作业而导致练习量不够，结果对某些知识点掌握不熟练。这还只是作业中的后果，生活中如果继续粗心大意，那他就还要承受更严重的后果。

孩子可能会为这些后果付出不小的代价，因为任何一项后果都会让他感到难堪或痛苦。

所以，要锻炼孩子的承受能力。可以提前向孩子讲明粗心大意的后果，提醒他重视，时刻警惕，不能麻痹大意。如果有一些不良后果出现，也要从容应对，永远记住一句话：只要思想不滑坡，办法总比困难多。要有这个信心。但更要以这些后果为戒，争取以后不再犯。

备忘录，还真的挺管用的！

——指导孩子给做一个"粗心备忘录"

如果孩子已经养成了粗心的坏习惯，那改起来可能就比较困难了，不是我们一两次说教或引导就能奏效的，毕竟"冰冻三尺，非一日之寒"，"解冻"也需要时间和适当的"温度"，而"粗心备忘录"就可以充当这个"温度"的角色。

这个"备忘录"里，记录的是孩子每一次写作业的过程中，因为粗心大意而犯下的种种错误，包括这几个要素：

粗心大意发生的时间；

具体的科目；

在什么地方（具体到知识点）出现了问题；

应该怎样改正；

如何举一反三、避免再犯；

......

当然，内容也不一定拘泥于孩子的作业或者考试，包括生活中他因为粗心大意而犯下的种种错误，也可以记录进去，这会让孩子更能意识到粗心大意给他的生活和学习带来的负面影响。

这个"备忘录"的形式也不一定非要是手写纸质的，也可以是电子版的，或者是经过一定的设计做成的卡片形式。

要引导孩子给他的各种粗心大意归归类，看看哪一些事件是经常发生的，把它们列为需要重点注意的对象，用备忘录来确定和调整自己改正错误的方向。

还要提醒孩子经常翻看这个"备忘录"，一边看还要一边回忆、对比，看看之前的那些粗心的行为，现在是不是还在犯，自己都改正了哪些问题，自己到现在又有哪些新的粗心问题存在。孩子经常性地翻看，会帮助他不断查找自己的错误，使他能通过"档案"的监督，从而减少粗心行为的再犯。

要特别注意，这个"粗心备忘录"不是让孩子出丑的本子，而是让他"长记性"的，是为了提醒孩子有哪些问题需要改正，而不是我们拿来数落孩子的"证据"。换句话说，一定不能总拿着这个"备忘录"说事，以免孩子因此而感到耻辱。如果孩子因为这个"粗心备忘录"而让心理受到了伤害，那还不如不做。

我们要正视这些问题，孩子才能去正视它，既不会觉得这是一些不值一提的小事而轻视它，也不会觉得这是什么不可改正的错误而放大它。

　　所以，我们要保持一种和蔼的态度，要宽容看待孩子的问题，如果他改正了，要给予积极的评价。可以告诉孩子，我们更期待他的"粗心备忘录"越写越少，越来越薄，也相信他一定可以改掉粗心大意的毛病。

第六章

写作业不爱思考，怎么办？

——培养孩子写作业爱思考的好习惯

有一些孩子在写作业遇到问题时不爱思考，懒得去回忆老师讲的，复习翻看课本，查阅专业工具书等，不是对妈妈有各种依赖，就是试图通过网络搜索甚至付费来求得作业答案。无论是哪种情形，对孩子的作业、学习、成长都是不利的。所以，妈妈要想办法培养孩子写作业爱思考的好习惯。不妨从自己做个"甩手掌柜"开始，再尝试培养孩子的创造性思维，教给他一些具体、高效的思考方法，也要注重培养孩子与思考能力相关的想象力。

不要让孩子的思考太有依赖感！

——妈妈试着多做"甩手掌柜"

一些孩子在写作业的时候，懒得动脑思考。为什么？因为有人帮他思考，他有依赖感。谁在帮他做这件事呢？当然就是妈妈了。

孩子有"做作业依赖症"，就是当他进入写作业状态后，不管是遇到了难题，还是出现了其他方面的一些小问题，像自动铅笔断铅、削铅笔、写错字、擦破本子等，只要有点事，他就会立刻毫不犹豫地开口招呼妈妈，而妈妈也总是"有求必应"。难道不是这样吗？

其实在生活中，很多妈妈什么都为孩子想到了，对他照顾得无微不至，喝水帮着拿水杯，吃饭帮着夹饭菜，穿鞋帮着系鞋带，上学帮着背书包，写作业帮着事无巨细地解答问题……对孩子所有的"业务"进行无条件、无原则的"承包"。

妈妈提前替孩子做好、想好一切事，孩子当然不用动脑筋，他越来越懒，遇到问题自然也就懒得动脑，反正有万能的妈妈在，还怕什么呢？

想要让孩子多动脑筋，就要少为孩子做事，在他能力范围之内，尽量让他自己去做，让他体验经过自己动脑解决问题的过程。

当妈妈习惯了当"甩手掌柜"后，孩子也会意识到与其求助于妈妈，还不如自己想办法来得更方便，这是妈妈用生活的实例向他证明，什么叫"求人不如求己"。

当孩子有问题来询问的时候，不要直接告诉他答案，而是改为提示一些关键点，重在引导他自己去思考。而凡是他自己想出来的正确的方法、合理的步骤等，都要予以鼓励，让他知道自己也是可以独立做到很多事的，从而给他一些信心。

如果你的孩子对你已经过度依赖了，不好一下子就纠正，可以循序渐进，一步一步来处理。

比如，可以告知孩子，"先好好写作业，写完几道题，或者写完一科作业之后再喊妈妈，有事就攒到那时候再说"。这样的话一定要说清楚，并且还要提醒他一定要遵守这个约定。写作业时规定时限内不管他怎么呼唤，妈妈如果确定他没有什么重大的情况，一定不要理他，这样可以帮助他学会自己处理一些小事。

这样的做法就是在让孩子逐渐习惯自己处理事情，一开始这个间隔的时间不用太长，可以让孩子专心做完一道题再呼唤，然后再让他专心做完两道题、三道题、一科作业……如此延续，直到他可以自己独立处理完一次作业。

也就是说，妈妈要适度收住自己的脚步，对孩子不要"一呼百应"，而是要给他足够的时间和空间去自己处理一些问题。这一点值得妈妈用心思考，并在生活中尽快逐步落实。

　　当然，这并不代表妈妈要对孩子完全不闻不问，如果事情真的超出他的能力范围，还是要热情地帮助他，但是帮助不是全权代替，帮助一定要适可而止、点到为止，最主要的是要让孩子获得启发。到底如何去完成这件事，一定主要是靠他自己的努力，妈妈永远只能起一个辅助作用。

哇，真的很新颖！

——打开新思路，尝试新方法、新途径，培养创造性思维

要培养孩子独立思考的好习惯，就要重视培养孩子的创造性思维。

所谓"创造性思维"，是指打开新思路，尝试以新方法、新途径去解决问题、探索未知世界的一种自主创造性思维方式，具有新颖性、独创性、拓展性等特点。

在生活中，应该怎样培养孩子的创造性思维呢？我总结了以下几点，不妨看一下、尝试一下，看看是不是真的能经得起检验。

第一，从身边的各种事物入手。

要注意引导孩子多多留心身边的一切，一些自然现象、日常用品等，这些都有可能成为富有启发性的原型，为孩子开启创造的源泉，帮孩子找到解决问题的钥匙。

第二，要鼓励孩子"异想天开"。

当孩子对问题百思不得其解的时候，妈妈可以引导孩子在常见的思路之外寻找可能性。这些思路，甚至可以有"异想天开"的成分在里面，包括原来认为办不到或者是看似荒唐可笑的方法。

也就是教孩子先允许自己的思路自由地驰骋，并先接受它所触及的一切，之后再根据正确的感觉和判断力进行筛选。

比如，在思考一件事情时，孩子还没有找到一个满意的选择方案，也许正是因为他无意识地限制了自己。

举个典型的例子：桌上摆放着 6 根火柴，要求把它们摆成 4 个等边三角形。一般来说，孩子（甚至妈妈）都会断定，用 6 根火柴根本就不能摆成两个以上的三角形。但如果换种思路，让三角形立起来，答案就出来了。因为题目并没有要求必须是在二维空间解决这个问题，如果能够突破原本的限制，就会豁然开朗，答案突然就会变得一目了然：可以搭成一个金字塔形的四面体，它的每一面都是一个等边三角形。是不是很"神奇"呢？

所以，要教孩子鼓励孩子敢于"异想天开"，勇于尝试不同的方法、途径，不怕失败。在保证自身安全和不违背社会公德、法律的前提下，孩子就应该敢于大胆尝试，这样才能用创新思维把心中的各种"不可能"变成"可能"！

第三，多鼓励孩子发表自己的意见。

一般来说，敢于发表意见的孩子思维比较活跃，分析问题也比较透彻，所以，要鼓励孩子敢于在公共场合畅所欲言，即使观点是错误的也不怕。

但是如果表达有误，也要引导孩子虚心接受他人的意见，并努力改正。这个过程，是孩子很好的成长历练过程。

最近我就思考一个问题：二三十年前，孩子的启蒙教育都是老师完成的，但现在，这件事可能更多的是要靠父母去完成，如果都把孩子的启蒙教育推给老师去做，孩子可能就已经落后了，因为你在家不做启蒙教育，但别的孩子的启蒙教育却是在家完成的。你意识到这一点了吗？如果还没有，这段话就当是给你一个提醒吧！

总之，引导孩子尝试新方法、新途径，开阔思路，突破惯性思维是非常有必要的。当然，这也需要妈妈不断地突破自己的思维限制。

发现！保护！

——善于发现并保护孩子在写作业时的思考意识与行为

在孩子写作时，有一个教育点非常重要，就是我们要善于发现并保护孩子的思考意识与行为。这个教育点特别关键。

这里面有两个重要的关键动词——"发现"和"保护"，就是要提升孩子在写作业时的思考意识、积极肯定并进一步强化他的思考行为。如此，孩子写作业就会变得更有效。

实际上，写作业可以分为两种模式或方式：

一种是注重数量的作业。

所谓注重数量，也就是做大量的题目，这些题目相对比较简单，重复率高，可对知识学习起到一定的强化作用，也有助于成绩的提升，对学习也是有利的，这一点我不否认。

另一种是注重思考的作业。

这是我要重点解读的。因为思考需要时间，这个过程也是学习的过程。只要是孩子认真思考解题的不同思路，有所创新，就值得肯定与鼓励。

所以，如果孩子是因为认真思考而使得写作业的速度有所放缓，我们是不能去批评他的，否则就是在不知不觉中扼杀孩子的积极思考与创新思考精神，显然是不妥当的。

遗憾的是，在实际生活中，这一点被很多妈妈都忽略了。

所以，如果你在辅导孩子写作业时，发现孩子因为真的喜欢思考而使写作业的速度变慢了，千万不要对孩子提出"快点""赶紧的""别愣神"的要求。要理解孩子的这种写作业的方式，对孩子是否快速得出答案不要太看重，而是要发现孩子好的解题思路、方法，肯定他思考的过程，那他在写作业、答题时就会更加乐于去思考、更加用心去思考。

当他乐于思考、善于思考的习惯养成之后，无论是写作业还是考试，速度都会提升，而且正确率也会大大提高，因为他是真的通过对作业题目的思考，不仅掌握了知识要点，还学会了灵活解答。

这个过程，如果妈妈能够把握好，就在很大程度上发现并保护了孩子在写作业时的思考意识与行为，也算是妈妈对孩子写作业、学习做的一件很有价值的事。所以，尽管上述步骤或内容看似简单，但却值得用心体会并进行很好的实践。

网上查找答案？

——适度限制、降低孩子使用"高科技智能产品"的频率

这是一个科技飞速发展的时代，也是一个电子产品满天飞的时代，还是一个资源共享的时代，更是一个"动动手指就能知天下"的时代。

很多人都非常享受这样一个时代，包括孩子在内。但也有一个不容忽视的事实，就是智能产品、电子科技、网络技术的强大，也让一些孩子的写作业方式发生了变化——从最开始的"打开课本找答案"，演变成了"打开网络搜答案"了。

在一些搜索引擎中或课程辅导 App 中，随便键入一些小学生、中学生的不同学科的常见或非常见问题，从主要内容梳理到疑难讲解，再到课后练习答案，甚至连一些考试卷和答案都有可能映入我们的眼帘。

孩子一般都善于接受新鲜事物，并且拥有强大的学习能力，所以很快就能熟练地搜索相关内容，几乎所有的"难题"都能利用网络来"解惑"。

比如，语文作业，不认识的字、不懂的词、想不起来的句子，都能上网去查，至于说遣词造句写作文，更是能上网去搜，然后直接抄袭了事；数学作业，只要把题目打上去，点击一下搜索，不仅仅是正确答案能搜出来，好几种解答方法都会一应俱全，任君选择；英语作业，不认识的单词、不会的句子翻译，都能使用网络现成的翻译器来解决；等等。

再比如，有的孩子甚至把作业用手机拍下来上传到网络论坛或者一些所谓的"学习交流群"中，向"高手"询问答案，甚至是付费求答案。

不得不说，网络的确给人们带来了极大的便利，可与此同时，也要注意到它所隐藏的种种弊端。因为有的孩子的确对网络产生了过度依赖，导致他们失去学习自主性，一遇到问题就想着去搜索，而思考能力慢慢退化，再有就是网络资料的准确性、权威性都有待提升（有的网站还有非法不良信息，也有可能会诱惑、迷乱孩子的纯洁的心性），与查询正规出版的传统工具书是不同的，所以，网络搜索很可能会导致他学习能力下降，影响学习成绩。

所以，应该适度限制、降低孩子使用"高科技智能产品"的频率。

第一，给孩子创造一个独立学习的空间。

很多家庭在给孩子布置独立的房间时，可能只想着要给他创造最好的物质环境，却忽略了物质环境也会让孩子产生依赖性。

所以，这个"独立学习的空间"还是要有一定的特征：不受网络干扰，比如孩子的电脑、iPad 最好不在写作业时开启（必须使用电脑、iPad 完成的作业除外），智能手机（无论是妈妈的还是孩子的）也要远离孩子。

孩子在一个没有网络的环境中写作业，才会更有独立思考的机会与意愿，遇到问题也可以查询更权威的工具书。所以，这个"独立学习的空间"是非常有必要的。

第二，教孩子通过读书获取准确的知识。

虽然网络可以获取知识，但这些网络知识很多是不规范、不准确、不权威甚至是错误的，所以要对网络知识有强大的辨识能力，以免学错。当然，也有一些知识是从书上直接搬到网络上的，有时在搬运过程中可能也会丢失、弄错，所以还是要注意辨别。所以，还是要鼓励孩子多看正规出版的书籍，不要过度依赖网络，能通过看书解决尽量看书。

第三，提醒孩子选择合适的时间使用网络搜索。

既然有网络搜索这个便利的条件存在，让孩子绝对不能使用是不可能的，所以可以提醒孩子选择合适的使用时间。

比如，在做作业前最好不要用，而是要鼓励他自己思考，实在想不出来的话就去翻教科书。等到作业都做完了，尤其是可以等到老师批改完后，再去网站上去搜索一下，看看关于这道题还有什么其他的解答或者解释，这也是丰富知识储备的一种方法。

很多学校或者班级都有自己的微信群、QQ 群，一些作业要求都会在群里发布，或者要求孩子把一些口头表达作业、自理能力展示作业等发到

群里去，这个当然要配合。孩子也可以浏览这些音频、视频、图片，向做得更好的同学去学习。这也是一种很好的线上交流学习的方式。

　　总之，网络不是万能的，但也不是洪水猛兽。要教孩子学会正确使用网络，让他既能通过网络拓宽知识面，同时也能做到对自我有足够的约束力。

妈妈，有思考的好方法吗？

——教给孩子具体的、高效的思考方法

思考方法很重要，也多种多样，要根据孩子处于直观形象阶段的思维水平，教给他一些适合他年龄特征的方法，下面我列举了4种。

第一种，归纳法。

归纳法是从一系列具体的事实中概括出一般原理的方法。归纳法从特殊到一般，优点是能体现众多事物的根本规律，而且能体现事物的共性。

比如，前面曾提到的世界著名数学家高斯小时候在计算老师出的题 $1+2+3+\cdots+98+99+100=$？时，采用的思考方法就是归纳法。

他把这道题归纳成了50个101的乘积（1+100，2+99…），即 $50\times101=5\,050$。采用这种归纳法，就很容易解决问题。

归纳时要抓住事物的关键。例如，从男人、女人、成年人、孩子、白人、黑人中归纳他们都属于人；从汽车、火车、自行车、摩托车、三轮车

等归纳出"车"的概念。这些都是用了归纳的方法。

第二种，类比法。

类比法是由一事物的某些特征而联想到另一事物并进行比较的方法。

比如，鸟与飞机，它们都会飞，由三角形到四边形，由直线想到平面等，类比是通向创造发明的一条重要途径。

许多发明和创造都是通过类比而实现的。如20世纪60年代才发展起来的仿生学，就是建立在类比推理的基础上。收音机、潜水艇的发明，就是从鸟的飞翔、鱼的浮沉，经过类比联想，触类旁通而获得的。

孩子如果善于应用类比和归纳，数学、科学甚至语文科目在成绩方面都会有所进步，很可能会成为发明创造型人才。

第三，分类法。

这是一种非常重要的思维方法，即把具有某些相同特征的事物归成一类。这样有助于孩子从整体上掌握某一类事物。

分类时，要让孩子明确不同的分类标准。如三角形，如果按边是不是相等可分为等边三角形、不等边三角形，如果按角的大小可分为锐角三角形、钝角三角形、直角三角形。可见，分类标准是分类的前提。

确定分类的标准后，就可以开始对事物进行分类。

比如，对昆虫进行分类，就可以按会飞与不会飞来分，那么会飞的昆虫这一类中就包括苍蝇、蝗虫、蜻蜓、蜜蜂、蝉等。

当然，分类中能否想得全面，与孩子的知识水平有关。要让孩子在自己已有知识的基础上，充分发挥自己的想象力。

第四种，抽象与概括。

抽象与概括是对一类事物进行分析，总结出主要特征的一种方法。

小学里低中年级的学生进行的抽象和概括一般都是借助于实物和直观形象而进行的。孩子开始学数字时，是在认识具体实物（如苹果、玻璃球、小木棍），以及数量（一个苹果、两个玻璃球、三根小木棍）的基础上，逐渐抛开实物，抽象出数字1、2、3、4……的，同时也弄明白这1、2、3、4……是代表事物数量多少的符号。这就是直观的抽象、概括。

到了高年级，孩子的语言水平有了一定发展，能理解文字、符号的意义了，这时，孩子就要借助于这些文字、符号、图像帮助自己进行抽象、概括。通过训练，就可以提高孩子的抽象、概括水平。

孩子，你的想法很好！

——不要轻易否定孩子的"非标准答案"

　　孩子不爱思考，跟他的想象力被扼杀有很大关系。所以，作为妈妈，要想方设法保护孩子的想象力，而想象力的一个重要基础就是有丰富的知识储备。而不是千方百计去扼杀他的想象力，去透支他的知识储备。

　　在应试教育里长大的我们，思维可能早已经在大量的题海战术中被模式化。带着这种固化思维，我们也不自觉地用一个方式教育孩子：只要标准，不要想象。

　　有一道很老套的作业题目——"弯弯的月亮像什么"，标准答案——小船，因为有一句诗说道："弯弯的月儿小小的船"。

　　但有个孩子在写答案的时候，说是像扁豆、镰刀、钩子，一口气写了三个答案。没想到，这些非标准答案却遭到了妈妈的奚落。

因为妈妈认为，刚学了那首诗，就应该写标准答案——小船。

其实，这就是在扼杀孩子的想象力。

应该怎么做呢？我想做法很多，但至少不能否定孩子的创意答案，甚至还要鼓励、表扬他的创意。

如果非得向标准答案上靠，也应该给予孩子适当引导，比如说："你说的这些答案都非常有创意，很不错。还能再想想吗？你们刚学的那首诗，是怎么说的？"要用轻柔的语气引导，而非声色俱厉地呵斥。

如果做到这一点，相信既能启发孩子的新思路，又能保护他的想象力。

所以，不是说标准答案不好，而是说，要善于引导，活化孩子的思维，而不是固化孩子的思路，让他成为标准答案的牺牲品。

想象力本身是创造力的源泉，任何一位科学家、艺术家，或者一位优秀的职场人士都具备丰富的想象力。

爱因斯坦曾说："想象力远比知识更重要，因为知识是有限的，而想象力概括着世界上的一切，并推动着社会进步，想象才是知识进化的源泉。"正是因为瓦特有了"为什么蒸汽能把壶盖顶起来"的思考，才有了后来蒸汽时代的到来；而正是因为有了莱特兄弟"人能不能长上翅膀，像鸟一样在天空中飞翔"这样的一种异想，才有了人类飞天的现实。

当所谓的标准答案和孩子的想象力发生冲突的时候，我们是不是会肯定"答案"，而否定孩子？

其实，信赖标准答案也可以，但一定不能排斥"非标准答案"。否则，当孩子的答案一旦不标准的时候，做妈妈的必然要习惯性地打压孩子，否定孩子。这样一来，孩子的想象力怎么发展？孩子的创新精神又怎么培养呢？

在生活中，不要用"标准答案"去衡量孩子的想象力。因为答案仅仅是一把尺子，它只能测量 $A—B$ 之间的距离，而孩子的想象力却是没有边际、没有形状、没有规则的，这能用一个标尺去测量吗？测量的数据可用吗？这一点的确值得思考。

所以，当孩子写作业不爱思考时，我们应该反思，并做出改变。

第一，不要轻易否定孩子的非标准答案。

有一个一年级的数学作业：看图计算：

树枝上画着 3 只小鸟，其中 2 只已展翅飞离树枝，另一只小鸟也在展翅，但还没有离开树枝。而图下方为：$3 —\square=\square$。

孩子回答的是 $3 - 3 = 0$。妈妈就问，为什么这么写？

孩子说："两只小鸟飞走了，另一只小鸟也张开翅膀准备飞，肯定会飞走的，所以 $3 - 3 = 0$。"

但标准答案为 $3 - 2 = 1$。

就这道题，对于孩子的回答，你会怎么处理？先想想看。

这位妈妈哈哈大笑起来说："你想得没错，这个小鸟都展开翅膀了，肯定也会跟着飞，因为他们是一家人，不可能分开嘛，对不对？"

孩子看自己的答案得到了妈妈的认同，就使劲点头。

妈妈接着说："不过呢，这个题目问的是，就在两只小鸟飞走，但一只小鸟还没来得及飞起的时刻，应该怎么填呢？"

孩子说："那就是 $3 - 2 = 1$。"

这么一说，既没有否定题目的不严谨性，又用孩子的思维肯定了她的想象，同时又引导了孩子对标准答案的认同。

由此可见，只要有智慧地、正确地引导孩子，标准答案是扼杀不了孩子的想象力的。

所以，做妈妈的要有一个意识或养成一种习惯：一开始不要急于否定孩子，拿标准答案去压他。无论孩子的思维多么不切实际，也不要打击他、嘲笑他。因为他正展开想象的翅膀在一个美丽、有趣、奇特的世界翱翔，那个世界的美好是成人无法体会的。

第二，也不要为培养孩子的想象力而否定标准答案。

教育本身有一个"度"的拿捏，过与不及都不会起到积极作用。所以，不要走上另一个极端——为保护孩子的想象力，完全否定标准答案。

否则，孩子写作业、考试可能就会很容易出错，因为在他看来，标准答案已经不被妈妈认可，而发挥想象力才是最重要的。如果孩子有了这样的想法，就等于进入了另一个误区。

就像前面的例子，如果妈妈对题目的不严谨持一种大肆批判的态度，或者对老师坚持标准答案而不屑的话，孩子可能也会对老师不信任，甚至产生"对立"情绪，那孩子的学习成绩可能就会下滑。

我想，这也不是我们保护孩子想象力的初衷吧？所以，要客观地、平和地对待类似的"标准答案"。

实际上，"标准答案"和"想象力"之间其实不存在矛盾，不是尊重了"标准"就扼杀了"想象"，更不是为了培养孩子的想象力而唾弃"标准答案"，关键问题在于"标准答案"和"想象力"之间的桥梁——我们——是否能够得当地处理这件事。

如果我们懂得如何去引导孩子理解"标准"，更懂得如何激发孩子的想象力，那孩子一定是一个既充满想象力又能够尊重标准的人。

比如，面对孩子的"非标准答案"，可以说，"嗯，你这个答案很有创意，是一个非常富有想象力的答案。可以再想想，还有没有其他的想法。"这样，去激励孩子更进一步思考。当他再次做出解答时，就可以鼓励他："已经离标准答案很近了，再往这个方向想一下？"……

总之，要以激发孩子积极思考问题为出发点，不要轻易扼杀他的想象力。

异想天开？欢迎啊！

——创设利于想象的各种情境，多正面回应孩子

培养孩子爱思考的好习惯，还有一种比较有效的方法——创设有利于孩子想象的各种情境，多正面回应孩子。

孩子最爱听故事，所以不妨多给他讲一些他感兴趣的故事。

故事中有很复杂的情节，有不同类型的人物，孩子在听故事时，想象力特别活跃，他的大脑中就会不断闪现故事的画面。

有时候，孩子不会满意故事的结局，那就鼓励他大胆想象，为故事创造一个好的结局，这个过程就是发挥孩子想象力的过程。

当然，也可以让孩子直接续编一下故事的结尾，还可以给孩子讲"半截故事"，故事讲到一半就停下来，给他留下一个发挥想象的余地，让他把故事续说下去。

再就是鼓励孩子自己编故事讲出来，讲给同学听，讲给爸爸妈妈听，也可以自言自语……

这些都可以有效地培养孩子的想象力，还能锻炼他的语言表达能力。

在这个过程中，要积极鼓励与表扬孩子，不要冷言冷语，更不能随便阻止，但可以适当指出不足之处，要做到"先肯定，再提要求"——这是必须坚守的一个原则。

勇于并善于鼓励孩子"异想天开"。

这一点前面也简单提过。因为世界上几乎所有的创新都萌芽于看似幼稚、天真、可笑、不合"逻辑"、充满灵气，甚至是富有诗意的各种各样的"异想天开"之中。

我分享一个故事吧：

有一天，有个小男孩一个人在院子里玩耍，折腾出许多怪异的声音，正在厨房做饭的妈妈里听到了就问："你在干吗呢？"

他说："我正在试着跳到月球上去！"

这位妈妈没有训斥他胡说八道、异想天开，而是高兴地说："好啊，但是不要忘记回来吃饭哦！"

后来，怎么样呢？这个小男孩长大后在1969年7月20日，跟另外一名宇航员一起乘坐"阿波罗11号"真的登上了月球，完成了人类历史上首次载人登月的任务。

他就是美国宇航员阿姆斯特朗。

是不是很受启发？所以，当你发现孩子有与众不同的思维方式时，千万不要轻易地责备他，而要设法鼓励他展开想象的翅膀。

还要注意鼓励孩子从多角度思考问题，获得更多"精彩"。

作业的功夫，很多时候是在课外时间培养出来的，所以，不要完全拘泥于"写作业"这个形式。平时，我们也可以有意识地鼓励孩子拓宽思维，引导他从多角度思考问题。

比如，可以跟孩子做游戏，画一个圆，问他"这是什么"，答案可能有几十种，甚至上百种。我们跟孩子可以一人说一个答案，以此来引导孩子进行发散思维，培养想象力。

或者看到某一样陌生的东西，可以和孩子一起猜一下这件东西是什么，有哪些用途……

此外，在孩子做数学题的时候，正常的思维是使用一种解题方法。但有时，一个问题不止有一种方法，这时我们就要鼓励孩子从不同的角度解决问题，让他做到"一题多解"。

同时，我们也要注意启发孩子改变一下思考问题的习惯模式，不让他受思维定式的影响。

作业变得好简单！

——引导孩子扩大知识面，丰富他的信息储备

孩子爱思考的习惯与丰富的想象力也有很大关系。而丰富的想象力是以丰富的知识和经验为基础的。甚至可以说，一切科学的创造、技术的革新，以及艺术上的创作，都与丰富的知识和经验基础有很大关系。

所以说，一个人知识和经验的多少、信息储备的多少，对于想象的广度和深度有着重要的影响。

由此看来，要培养孩子爱思考的好习惯，就要重视培养他的想象力，就要扩大他的知识面、丰富他的信息储备。头脑中的信息储备越丰富，想象就越开阔、越深刻，想象力就越强，思维水平、思考力就越高。

俗话说："巧妇难为无米之炊。"意思是，要做好一件事情，首先要有很好的原料。同样的道理，如果孩子的头脑中没有储存足够的信息，那么所谓的想象，就像空中楼阁一样，只能是毫无根据的空想。

那我们在生活中应该怎么做呢？不妨注意以下几点：

第一，要引导孩子多读一些课外书、多听一些好的 App 上的故事。

第二，带孩子参加一些社会实践活动，不断接触各种事物，使这些事物在孩子的头脑中留下深刻的印象，这些印象就会成为孩子想象的材料。

第三，鼓励孩子积极参加学校里的各种兴趣小组活动，这些都是引发孩子想象的广阔天地，不论是舞蹈、音乐、体育、美术、书法，还是天文、地理、生物、航模、编程……每个兴趣小组的活动都会有大量的形象化的事物进入孩子的大脑，而且需要孩子进行创造性想象才能完成相关活动任务，十分有利于孩子想象力的提高。

第四，多带孩子深入大自然。大自然有着无穷无尽的奥秘和神奇，可以说，大自然的花草树木、山水虫鱼等一切，都可以引发孩子的无穷遐想，它是孩子想象的最好环境。

因为孩子对大自然的一切事物都感到非常好奇，总是渴望发现其中的奥秘，所以他就会积极观察，不断发问。我们要抓住这样的机会，有意识地引导孩子去想象。

第五，虽然想象是以形象形式为主，但也离不开语言材料，因为需要用口头语言或书面语言把想象的内容表达出来。所以，要指导孩子扩大语言文字积累。

比如，语文学科多背诵、多摘抄、多总结、多练习"看图说话"，先画作文再写作文等，甚至可以用思维导图把学过的语文、数学等内容表现出来，并多多翻阅，不时回忆并复述这些内容。这都是很好的课外作业。

这样的积累，就可以拓宽孩子想象的天地，增加其想象的细密程度和丰富程度，从而促进孩子想象力的发展，不妨都试一下。

第七章

让孩子成绩暴涨的写作业法

——妈妈辅导作业要遵循的几个原则

孩子写作业离不开妈妈的有效辅导。但妈妈辅导孩子写作业并非一件想当然的事，而是有一些原则需要遵循，比如：怎样做才能高质高效地陪孩子写作业？帮孩子检查作业要执行的"三做三不做"原则是什么？如何引导孩子重视老师对作业的批改？需要再厘清哪些重要问题以解妈妈之惑？作为高效率写作业的核心术，作业四步法到底是什么？这些都值得妈妈好好思考、用心体悟、有效实践，从而让孩子通过写作业来大幅提升学习成绩。

妈妈，来陪我啊！

——孩子写作业，妈妈到底要不要陪伴他？

陪孩子写作业这个话题确实值得探讨。因为有的孩子希望妈妈陪，有的孩子不希望妈妈陪；有的妈妈愿意陪孩子，而有的妈妈又不愿意陪孩子。

那么，做妈妈的到底要不要陪孩子写作业呢？

我想，这个问题显然不能一概而论。

对于已经养成良好写作业习惯的孩子来说，自然是不需要妈妈陪伴的，而对于刚上小学一、二年级的孩子来说，陪伴这个行为则是必不可少的，因为不陪伴，孩子可能就真的无法独立完成作业。为什么？

首先，不陪，他可能记不住作业是什么。

其次，很多作业的题目他可能还读不懂、不能理解，审题能力不足，需要妈妈来给他解释，帮他梳理作业内容。

再次，没有妈妈的陪伴，刚上学的孩子在写作业时可能感觉自己很孤单，在心理上没有安全感。

最后，孩子自控力差，不具备较好的自我管理能力，如果身边没有妈妈督促，难免会放任自己去玩耍、磨蹭、拖拉，甚至面对作业束手无策，心有余而力不足。

所以，就一、二年级的孩子而言，妈妈还是尽可能陪孩子一起写作业，要抓住关键的这两年，培养孩子良好的写作业习惯。

那些三、四年级以后的孩子，不需要妈妈陪伴写作业有一个前提，就是在一、二年级通过妈妈的精心陪伴，已经学会了如何写作业。一方面，他提升了写作业的独立性；另一方面，他也养成了写作业的良好习惯。

作为妈妈，不要只到看人家的孩子不需要陪这个结果，而是要看到取得这种结果的原因——前两年的辛勤耕耘。没有前两年的辛勤耕耘、辛苦付出，孩子也很难独立完成作业。如果前两年没有很好地陪伴孩子，或者没有掌握陪伴的好方法，现在就需要补上这一课，补上时间，补上精力，补上亲情……而不是一味地责备孩子，呵斥孩子，更不要动不动就说人家的孩子如何如何。否则，对自己的孩子是不公平的。

想一想：没有付出，哪有收获？妈妈在该积极主动的时候没有积极主动，孩子又怎么会在写作业、学习这件事上自动自发？所以，该陪的一定要陪。换句话说，低年级孩子的作业一定要陪，只有习惯养好了，到中高年级时我们才敢放手。

今天陪孩子写作业，是为了明天更得体地退出。

要知道，陪孩子写作业的时间真的很短。等孩子长大了，四、五年级了，上初中了，再想陪在他身边，他都会烦，因为他已经有了独立的愿望。这个时候，他就不希望妈妈陪在他身边写作业了，而这也恰恰是妈妈得体退出的契机。

所以，陪孩子写作业真的不像一些妈妈想象的那样——是一场没有尽头的苦旅。不是这样的。

如果你的孩子四、五年级还必须由你陪在身边才可以，只能说，他在三年级前没有养成独立、专注完成作业的好习惯。

在孩子需要的时候，我们不缺位就不欠债，缺位了就欠了债。

因为喜欢玩儿是孩子的天性，上学之后突然出现的作业，对孩子来说是全新的一种负担，他在潜意识中完全没有建构起作业的概念，而做妈妈的如果也没有意识帮孩子建构作业的概念，对于孩子和妈妈来说，作业可能都是一种折磨。所以，与其抱怨孩子，不如改变自己。

如果前期做好了这件事，以后就会轻松很多。如果之前没有做好，那从现在开始做，也还来得及，怎么讲？我总结了 16 个字——"没有最晚，只有更晚；当下开始，不算太晚"。也就是从看到这里的今天、当下开始改变，总比从明天改、后天改、未来改要好一些，甚至好很多。所以，"当下开始，不算太晚"。

也就是说，如果你的孩子已经四、五年级了，甚至上初中了，但还没有养成良好的作业习惯的话，也可从从当下开始，适度地陪伴与指导。

但不要急功近利，不要试图孩子一下子就能变好，还是需要一点时间的，在此期间，我们一定要心平气和，不呵斥，不吼叫，鼓励、赏识、表扬与示范，一个都不能少。

陪，也要陪出效果来！

——妈妈陪孩子写作业一定要注意的三个要点

有些妈妈十分感慨而又疑惑地说："我天天陪着孩子写作业，为什么还是没效果？孩子跟我都要被逼疯了！"我想，那可能是因为虽然你陪着孩子写作业，但陪伴的方式并不正确，所以是无效的，或者效果不明显。陪伴很重要，以正确的方式陪伴更重要。

开启正确的陪伴方式，才能陪出好的效果来。具体而言，做妈妈的在陪孩子写作业时一定要注意三个要点。

第一，关于"陪"的时间问题。

具体来说，小学一、二年级，只要有作业，妈妈最好能够天天盯着，从最初的样样指导，过渡到有针对性地指导。

从三年级上学期开始，可以少陪一点，比如每星期的一、三、五陪，二、四、六让他独立自主写作业，或给孩子做一个大概的指导之后，就离开他做自己的事。三年级下学期以后，可以慢慢地退出。当然，前提是一、二年级有了很好的陪伴。

四、五年级，如果孩子还不能很好地独立完成作业，也可以给予孩子适当的陪伴与辅导，但在时间和方式上可以灵活处理。

第二，正确理解"陪"这个字。

陪孩子写作业，是"陪"，而不是代替他写，也不是有问必答。孩子是写作业的主角，妈妈只起一个必要的辅助作用，而不是对他的作业大包大揽。所以，妈妈不要做孩子的"百科全书"，也不要做他的"活字典"，不是一道题一道题、一个字一个字地教他，可以对他的疑问进行适度的提醒。

但也要特别注意，陪，一定要有心在，不要人在心不在，不是坐在孩子旁边玩手机、织毛衣……那样的话就只是在"监视"孩子了。倒是可以在旁边拿本书看，给孩子做一个同步学习的好榜样。

实际上，陪伴的目的就是帮孩子养成良好的写作业习惯，教他学会开动脑筋独立思考，从而有足够的信心和勇气去应对作业中的各种困难；教孩子掌握写作业的技巧，使他在独立学习的道路上迈开脚步；引导他学会在规定的时间内完成作业，而不拖拉、磨蹭。否则，孩子就很难成为学习的主人，他就会对妈妈产生依赖心理。

第三，陪伴不是"审查"，也不是"审讯"。

看着孩子写作业，很多妈妈可能也是"恨铁不成钢"，或者认为陪孩子写作业"任务重大",所以忍不住会用非常严肃的态度去应对。

结果陪伴变成了"审查",妈妈的眼睛就像是扫描仪,总是能看到孩子做得不对、不好的地方,有的妈妈会很快速地给孩子指出来,经常是突然地声色俱厉地说,"这里错了""那里不对"……孩子写作业的思路就会一次又一次地被打断。

除了"审查",有时候可能还会把陪伴变成"审讯"。尤其是在孩子遇到难题做不出来的时候,一看到孩子皱起了眉头不再动作,妈妈就认为孩子是没好好学,所以才不会做题。于是,就开始问"为什么不会?""是不是上课没好好听?"之类的问题,如果孩子的回答不能让妈妈感到满意,接下来还会有更多的问题等着孩子。

不管是"审查"还是"审讯",我想,都是不合适的。

陪伴过程中,一旦发现了孩子的问题,可以先不打断他的作业思路,而是要让他自己继续做下去,如果是做不出来的题,可以提醒他先跳过去做其他的。等他所有作业都写完了,再想办法对那个难题进行集中攻克。

最后还有一点要提醒:做妈妈的要有一个意识——孩子写作业这件事很重要,但不是说它比一切都重要,也就是说它不是唯一重要的,不要因为这件事而伤害亲子间的情感与关系。否则,也就得不偿失了。

妈妈，请帮我检查一下好吗？

——到底要不要帮孩子检查作业？

作业写完要检查，我想这一点大家没有什么异议。但是由谁来检查，怎样检查？里面却是有一些学问的。

这个问题，其实跟前面讲的"孩子写作业，妈妈到底要不要陪伴他"这个问题是类似的，还是要看孩子所处的学段。

如果是小学一、二年级，还是应该适当为孩子检查一下的。尤其是一年级的孩子，一般都不会自我检查，所以，还需要妈妈的帮助。在发现孩子的作业有问题时，可以指出来，但不需要直接指到那个错误点上，可以跟孩子说一个错题的大概范围，让孩子自己去发现，以此来慢慢培养孩子的独立思考、发现问题与解决问题的能力。

对于三年级以上的孩子，尽可能不再详细地检查作业，如果要检查，也是大概看一下，如果没有特别严重的错误，也没有必要指出。当然，可以提醒孩子自己多检查几遍。对于小的错误，留给他自己去发现是不错的选择。如果他发现不了，也没有太大关系，第二天老师会批改作业，到时被老师发现的话，反而有助于孩子解除对妈妈的依赖。

另外，如果老师特别要求家长签字确认的话，那就要更加认真对待，以配合老师的工作。虽然说，孩子写作业、改作业这件事是老师的职责，但孩子终归是我们的，类似这种所谓的"原则"，是没法完全执行或遵守的。

老师的工作量也很大，尤其是小学低年级的老师，更是非常辛苦，虽然课程好像很简单，但真正把基础的知识与良好的学习习惯传递给孩子，还是需要费很多心力的，所以作为妈妈，理应分担一下老师的工作。只有亲师配合，孩子才能教得好。

就像网上说的一个段子：为什么要放寒暑假？因为不放假，老师就要疯了！为什么要开学？因为不开学，家长就要疯了。想想也是，我们一两个孩子，在他们的学习上都很难搞定，何况老师带一两个班级的孩子呢？所以，一定要懂得体谅老师，你体谅老师，老师也会体谅你，从而形成良性循环。

就"到底要不要帮孩子检查作业"这个问题，我想应该是有一个路径的，也就是从妈妈帮助孩子检查作业到孩子自查作业的转变！小学一、二年级帮着孩子检查，并且把检查作业的思路与方法教给孩子，从而实现孩子到三、四年级以上自查作业的转变，五、六年级以上，孩子的自觉性就出来了，好习惯也养成了，那妈妈就把自己"解放"出来了。

检查作业也是一项"技术活儿"！

——妈妈要执行"三做三不做"原则

孩子写完作业后，不能一收了之，还有一项特别重要的工作要做，就是认真检查作业。在检查作业这个问题上，我想强调的是：妈妈要执行"三做三不做"原则。

"三做"是什么？就是妈妈有三件事要做：
第一件事，要告诉孩子，做完作业一定要检查。

检查作业是讲究时机的。如果写完立刻检查，可能思路还停留在刚才，所以即便有错，也会因为习惯性思维而无法从全新的角度去考虑；而等着想起来再检查（尤其是假期作业），又因为时间隔得太久，导致有些题目可能想不起来当时是怎么思考的，检查就变得困难。

所以，孩子写完作业后，可以稍微等一会儿，整理一下书本，或再做另外一个科目的作业，或者起来活动一下，这个过程，可以让大脑休息一下。然后再打开已经做完的作业，从头开始检查。这个时间刚刚好，因为写完作业后不久，大脑有了片刻的休息，对作业中的题目还留有记忆，这时检查起来也就相对自然顺畅一些。

第二件事，详细指导孩子应该检查什么，检查要素有哪些。

比如，检查作业的完整性、准确性，是不是写完了，是不是抄对了？

再如，检查解答的格式、步骤与答案，尤其是对于数学等理科作业，更要特别注意这一点。

又如，检查常容易出错的地方。越是容易出错的地方，才越是孩子要认真注意的地方。孩子一般都会知道自己哪里最容易出问题，所以也用不着别人提醒，孩子最好能自己提醒自己。比如，有的孩子会在标点符号的地方出错，有的孩子一造句就有问题，有的孩子一列竖式就容易写串行，还有的孩子总是忘记点小数点，等等。对这些容易出错的地方，要指导孩子多看两遍。

另外，有些孩子在看题的时候就容易疏忽，所以要引导他把题目和自己的解题过程多对照几遍，以保证不出错。

第三件事，提醒孩子，检查要认真，要"少而精"。

这方面又有五点值得特别注意：

第一，要用对待新作业的态度去对待检查，认真仔细，不习惯性地让思路"滑过去"。

第二，不放过任何一个细节。比如，计算的时候"＋"与"÷"是不是写串了，写字的时候有没有少一点或者少一横，写拼音或英文字母的时候，"b"和"d"有没有写错，等等。

第三，对于有把握的地方也要认真。

第四，检查应该做到"少而精"，也就是没必要做到一个字不落地都看完，抓住前面所说的检查重点去做就可以了（完整性、准确性、格式、步骤、答案、一些细节等）。尤其是那些容易出错的地方，可以多看几遍、多算几遍。错哪里改哪里，没必要重新做。

第五，要教孩子合理分配检查作业的时间，争取一遍检查过去，不要因为低效率地重复检查而浪费不必要的时间。

"三不做"是什么？就是妈妈有三件事不要做：

第一件事：不要在孩子检查作业的时候干涉太多。

有的孩子之所以会把作业都推给妈妈来检查，是因为妈妈的干涉太多了。每当孩子检查作业时，妈妈可能就会站在一旁，一会儿说"这个字写错了"，一会儿又说"那道题算错了"，孩子可能还没看到那里，但妈妈已经看到了，而且毫不掩饰地立刻说了出来。

这样一来，孩子检查作业的思路都被打乱了，最终他干脆索就让妈妈来帮他检查了。

这就是提醒我们，孩子检查作业的时候，他掌握着检查的主动权，我们不要在一旁给那么多建议，完全可以等孩子检查的结果。

千万不要做"直升机家长"——像直升机一样盘旋在孩子的上空，时刻监控孩子的一举一动，时刻准备，及时发现，准确报警，而是要让孩子对自己的作业有完全的自主检查的权利。

第二件事：沉住气，不要直接把答案告诉孩子。

孩子检查出错误，但又不会做时，妈妈不要直接告诉他答案。告诉他答案可能是一种最"省心"的办法，而孩子也很喜欢这样的方式，因为直接写上就万事大吉。可事实上，这样的做法对孩子来说是有百害而无一利的。

正确的做法应该是引导孩子去思考，如何引导？引导到什么程度？正如距今 2 000 多年的、世界上最早的教育学论文《学记》中所说，"开而弗达则思"。开，开导，给一些提示；弗，就是不；达，就是达到、到达；弗达，也就是不把最终的答案直接告诉孩子。遇到问题时，我们可以给孩子一些开导，一些提示，而不是直接告诉孩子问题的答案，这样就能开启他的思考精神，他才会积极地去思考。

妈妈这样做的时候，一般都能保持情绪平和，那孩子也就不会有抵触情绪，就会乐于接受妈妈的指导，而且又能勤于思考。其实，这也就可以称得上是做妈妈的善于"启发诱导"孩子了。

第三件事：不要因写作业对孩子"粗暴无礼"。

无论孩子作业写得怎么样，尤其是错误很多的时候，也不要撕他的作业本。因为这是他的劳动成果，好坏都值得尊重，撕了作业本，看似对孩子是一种震慑，但其实也在某种程度上撕碎了孩子的心。

你可能会说，有这么严重吗？当然，这是一个比喻，但对孩子内心的伤害还是有的，甚至还会比较大。尤其是这时候，妈妈一般还会伴随着愤怒的表情、呵斥吼叫的语言，甚至打骂也有可能，这就更会让孩子感觉写作业、读书学习这件事很辛苦、很痛苦，而且还得不到尊重，看不到希望。

所以，很多时候，不是孩子不愿意写作业、不愿意学习，而是做妈妈的亲手、亲口阻断了孩子的成长。

在"三做三不做"之外，还有一个细节，需要提醒妈妈注意。

帮孩子检查作业，关注"一头一尾"。头，就是孩子在写作业前，检查一下老师对孩子上次作业的批改情况，如孩子的作业有问题，及时订正；尾，就是孩子写完作业后的检查，特别注意，关键是检查孩子作业的工整性，而对于题目是否全部正确不要做过多的要求与干涉。要知道，作业工整是态度问题，做妈妈的必须严格要求；而题目全对与否是能力问题，需要孩子通过不断的练习来提升。当然，该签字的还是要签字。

另外，帮孩子检查作业也不是严格限定在一、二年级，孩子三、四年级、五、六年级，只要有必要，也可以按照这个原则，适度帮着检查。

教孩子快人一步

——如何引导孩子重视老师对作业的批改？

孩子写完了作业，就要交给老师，老师经过批改，了解孩子对课堂知识的掌握程度，然后再针对作业中可能会出现的问题给出点评或者建议。

这是一个正常的作业行进流程。

不过很多孩子显然只重视自己写作业的那一部分，至于老师的批改反倒并不那么看重。这部分孩子只是关心自己是不是全做对了，做对了就不会再看老师的其他评语；如果没做对，那就只改正错误的地方，同样对老师的一些建议采取无视的态度。

结果，老师的建议和意见，就这样被孩子忽略了，所以，该有的问题可能还是会继续存在。久而久之，老师可能会觉得这个孩子屡教不改。

还有的孩子错误地认为，老师的批改或者评语是写给妈妈看的，与自己没有太大关系。

但事实上，老师很可能将孩子的一些情况和问题都反映在了评语中，所以，就要引导孩子重视老师对作业的批改。

首先，提醒孩子作业要认真写，不要敷衍了事。

写作业的确是孩子的一项任务，但却并不是为了应付老师才写的，而是为了帮助他自己更好地学到知识并能熟练运用知识而写的。所以，孩子不能为了完成任务就敷衍了事，尤其是不要为了避免受到老师的批评而"忙碌"地抄袭作业。

如果孩子想要得到老师真正为他"量身定制"的作业批改点评，那他就必须拿出自己的真本事，动用自己的大脑，结合自己的知识，写完自己的作业。这样，老师才会从他的作业中发现他有哪些可提升之处，他才可能获得真正的进步。

其次，告诉孩子作业本发下后要先看老师的点评。

作业本发下来后，有的孩子看自己全做对了，就会松一口气，至于老师写了什么评语，就不那么在意了。

实际上，即使把作业全做对了也依然可能存在问题，比如解题方法可能比较麻烦，或者字写得比较潦草，或者虽然答案对了但思路有点绕了，甚至个别时候老师也会因为劳累而把错误的题目当成对的去判。所以，要引导孩子关注老师对他作业的点评，而不是只看作业本上是不是全是"红对钩"或 A+。最终答案是不是对了只是一种表象，孩子应该明白哪些地方要继续保持，哪些地方又需要他改进，而老师的评语会给他指明方向。

所以，要提醒孩子，拿回作业本的第一件事，应该是看老师都给他在哪些地方做了批改或点评，有哪些问题值得注意。即便是做对的题目也要好好看看，以免漏掉老师在某方面的点评（包括各种符号批示）。

最后，可以和孩子一起讨论一下老师的点评。

对于小学低年级的孩子来说，老师的点评可能有时候会不那么好懂，那么我们此时就可以加入进来，跟孩子一起探讨老师批改的真正用意。

对于老师的点评，我们要保持一种平静的态度，不要因为老师说了不足就批评孩子，也别因为老师的一句夸奖就同样也去对孩子进行没完没了的赞扬。我们和孩子一起讨论的目的，在于帮助他理解老师的批改评语，对于他不懂的地方，可以给他解释一下，或者帮助他解开心里对老师批评的疙瘩，让他能从老师的批改中找到自己进步的方向与方法。

需要厘清的几个重要问题！

——妈妈"辅导作业"的困惑全解

关于辅导孩子写作业这件事，还有几个重要的问题需要厘清，从而解决一些妈妈心中的困惑，以更有效地辅导孩子写作业。

也就是说，有几个问题还需要再讲一下，因为这几个问题对于孩子提升作业质量与效率至关重要，非常关键。具体是什么呢？

第一个问题：妈妈没时间辅导孩子写作业，怎么办？

对于辅导作业这件事，一部分妈妈思考的是该怎么辅导，而还有一部分妈妈思考的是"该怎么样腾出时间来辅导"，尤其是那些很忙、下班很晚的双职工家庭中的妈妈可能更是会这样想。所以，有的妈妈就为自己开脱："不是我不辅导，而是我根本没时间。"

怎么办呢？我想，有几点建议可以参考：

第一，鼓励孩子养成自学的好习惯。

告诉孩子，先把自己能独立完成的作业内容都好好地做完，对于一些比较难的、拿不准的，或者自己根本就做不出来的作业，可以留着等妈妈回来后再问。

第二，把"每天辅导"改为其他的辅导形式。

比如，如果每天工作都结束得很晚，就可以让孩子将各种问题记录下来，等到第二天早上辅导，或者是周末有时间的时候来一个统一辅导，有辅导总比没辅导强；如果因为出差等情况而长期不在孩子身边，也可以使用电话或网络等远程在线方式辅导孩子。

第三，引导孩子和其他孩子一起学习。

孩子们之间会有一种自然而然就存在的互相学习的氛围，与爱学习的孩子在一起，更是会受到好的影响。所以，不妨联系一下比较靠谱而且有时间照顾孩子的家庭，把几个孩子聚在一起，度过放学后的写作业时间。

当然，也可以在不同家庭轮流做这件事，大家齐心协力，帮孩子建立一个"家庭互助学习小组"。

第二个问题：妈妈文化程度较低，能不能有效辅导孩子？

在现实生活中，有的妈妈因为文化程度较低，虽然暂时能应付小学作业或小学中低年级作业的辅导，可到小学高段或初中以后，就力不从心了，难道就放手不再对孩子进行辅导了吗？当然最好不要，即便文化程度并不高，也还是可以在孩子的作业、学习上给予孩子一定的帮助。具体怎么做呢？

第一，对孩子写作业始终保持热情支持的态度。

热情支持的态度表现为：

为孩子创造良好的学习环境；

帮孩子准备适用的学习工具；

为他提供必要的参考书；

或者给他做喜欢吃的饭菜；

关心他的有形与无形的"冷暖"；

……

这些都是对孩子学习的支持，都是在帮他解除后顾之忧。

但还是避免对孩子的作业指手画脚，或者表现出不信任来，不要说"你这样对不对啊？妈妈也不懂，你可不能糊弄了事啊！"这是在怀疑孩子。

既然是热情支持孩子，就应该相信他，要让他感受到你对他的关爱。

第二，认真地学一学孩子的课本内容。

"不会""不懂"并不能完全成为我们不能辅导孩子作业的"完美"理由，因为我们还是可以学习的。尤其是小学生的课本，就算文化程度低一些，仔细看一看、学一学，也还是能看明白的。

所以，倒不如认真学一学孩子的教科书，或者说和孩子一起来学习，跟他一起做一做老师留下来的作业。如果遇到问题，也可以和孩子一起讨论讨论，如果我们不懂，还可以问问孩子，这其实也是一种激励孩子学习的方式。

而通过我们的学习，孩子也会意识到，连妈妈都能这么认真地学习，那么他也会逐渐培养出一丝不苟的学习态度与学习习惯来。

第三，注意联系老师，做到亲师配合。

经常与老师联系，多听听老师对孩子作业的描述和提出来的意见，同时也要将孩子在家里的表现告诉老师，让老师能结合孩子的家校表现进行更好的教育，并能给我们提出更贴近孩子特点的教育建议。

第三个问题：除了完成作业外，孩子还应该做什么？

作业并不是孩子学习的全部内容，完成了作业，只代表他对当天所学的课程内容有了一定的理解；而只是完成了作业，也并不意味着他的学习过程就此可以结束了。除了完成作业，在学习方面，孩子还有许多值得做的事。

比如，对旧知识的再学习。已经学过的知识内容，都是旧知识。所以，孩子做完作业，如果时间早，孩子还有精力，不妨翻一翻已经学过的知识，如课本、练习册等，看看自己之前学过的知识是否都掌握了。

再如，对新知识的求知。也就是预习一下新知识，看看第二天或者近期要学的内容，提前做到心中有数。只是提倡这么做，但不强制。

又如，进行拓展性学习。所谓拓展，就是在原有课本知识的基础上，进行更多更深的学习。像语文课本学到一首古诗，就可以把诗人其他的作品找来读读，或者与作者同期的其他作者的诗作，也可以读一读；也可以对诗作中提到的某些元素，诸如山川河流人物等，展开知识探索。

还可以有兴趣方面的探索。孩子的学习并不只局限于书本，他还会有很多其他的兴趣爱好。虽然这些兴趣爱好看似与课本知识没有太大关联，但是却会拓宽孩子的视野，增加孩子动手动脑的机会，进而也会让他的思维变得更为灵活。所以，要善于发现并尊重孩子的兴趣。但要注意，别让兴趣时间占据了写作业时间，要分清主次轻重。

第四个问题：要不要教孩子立志？立志对写作业会不会有效？

我的建议是教孩子尽早立定人生志向，因为明朝大哲学家、心学大师王阳明先生曾说过，"志不立，天下无可成之事"。可见，立志非常重要。

尽管这一点放在这里，看上去好像比较空，但我认为还是十分有必要稍微讲一下这个问题。

如果孩子能领会立志的重要性，那他不仅是写作业不用我们操心，就是学习甚至未来的工作，都不会让我们再操心。也就是我们如何把孩子引入一条光明大道，让他的人生少走弯路，得到更多贵人的提携……关键就在于孩子立什么志向。

如果我们问现在的孩子："你想要立定什么志向呢？"回答可能五花八门：做科学家、当工程师、考名牌大学、找一份好工作、做大官、当董事长、赚很多很多钱等。读书为了赚钱，为了享受更好的物质生活，这一点可能是很多孩子都赞同的。但这一点却值得商榷，如果孩子读书仅仅志在赚钱，他一开始的这个目标可能就错了，那么他的一生还会幸福、快乐吗？他还会有更大的作为吗？恐怕比较难。

要告诉孩子：读书志在学习圣贤，志在成为君子，志在为家国做力所能及的贡献，做一个能让父母省心的孝子，本分做人，安分做事，而非仅仅在于赚钱。

明朝著名教育家、思想家朱柏庐先生在他的《朱子治家格言》里就说："读书志在圣贤，为官心存君国。"也就是说，读书贵在立志，而且最好是"志在圣贤"，向着智慧与光明迈进。即使人生遇到困难，他也不会放弃，而是无怨无悔地为家国天下尽绵薄之力。而如果读书仅仅是为了赚钱，是为了以后能找一个好工作，那孩子在读书的过程中，可能就会遇到很多阻力，而且这个阻力，孩子很难去克服，甚至都不想去克服，从而变得自暴自弃，破罐破摔。

在古代，古人非常重视立志，因为"学贵立志"。一个人只有在一开始立定志向，有一个明确的奋斗目标，才不会走弯路，才会有无穷的动力，使他不断地前进。

所以，一定要给孩子正确的引导，要让他明白，一个人只有立定正确的志向——圣贤君子志，将来才能有所成就，才能做一个对社会国家有用的人。

晚清重臣曾国藩先生曾指出，"不为圣贤，便为禽兽"，在圣贤与禽兽之间，没有折中选项，他对自己就是这样的要求。在未来的社会，要想有更大的担当与成就，一定要有一个强大的使命感，一个伟大的志向。

有人可能会说，这太高了，达不到啊！没关系，古人也说："取法乎上，仅得其中；取法乎中，仅得其下。"意思是，取上等的为准则，也只能得到中等的。所以，还是要放宽视野，定高目标，才能取得令自己满意的成果。"虽不能至，然心向往之"，虽然可能达不到这种高度，可是心里却一直向往着，也就慢慢离得近了。

要坚信一点，如果做好了这件事，孩子写作业、学习，甚至是未来的工作、生活，都会变得轻松很多，也会避免走很多弯路。因为这是"道"，其他内容更多是立竿见影的"术"，术道结合，效果会更好！

高效率写作业的核心术

——作业四步法，全面提升作业品质与成绩

到这里，关于"辅导孩子写作业"这个主题就接近尾声了。在最后，我想把这个主题再做一个提升，就让"高效率写作业的核心术——作业四步法"来完成这个"使命"吧！希望能够全面提升孩子的作业品质与成绩。

如果我问大家一个问题："作业应该怎么做？"可能很多妈妈会觉得有点好笑，接着就会回答："这有什么难的？打开作业本写就好了啊！"这么说当然也不错，但如果真想把作业做好，恐怕不是这么简单一句能应付得了的了。而且，做作业也显然并不是"打开作业本去写"这么轻松就能做完、做好的，它也需要一些更为科学的方法——作业四步法。

具体步骤是什么呢？准备→审题→解答→检查。

看似很简单，但实际上，每一步都有"玄机"，都有智慧，都很核心、根本。下面就具体讲一下这四点内容——四步法。

第一步，准备。

放学回家后，有的孩子会立刻打开书包、拿出教科书和作业本，坐下就开始写；而有的孩子会先看一会儿教科书、笔记本，把当天学的内容和要写的作业先看一遍，然后才开始写。

前一种写作业的方式虽然看上去很积极，似乎能表现出孩子想要赶紧写作业的心情，可毫无准备就开始写作业，孩子不一定会写得顺利，没准儿写两笔就开始卡壳，然后就要回去翻书或者停笔开始思考，本来是想要节省时间的，可现在看来却是想快也快不了，反而是浪费了时间。

后一种写作业的方式尽管看上去像是一点也不着急，但实际上，孩子先看一遍教科书，先回忆一下老师所讲的内容，这就是在对当天所学的知识进行一次回顾，老师哪里提到的是重点，哪里又是难点，孩子会先有一个准备。经过这样的复习，再开始写作业时，孩子因为头脑里已经有了预先复习好的知识，遇到难题时，头脑中就有一个基本的思路，虽然可能也需要仔细想一下，但一般不会像前一种孩子那样，必须停下来去翻书才能知道该怎么做。

可见，在写作业之前，孩子如果能先将当天学过的知识在头脑中过一遍"电影"，先把教科书、笔记本复习一遍，那么他就能将知识的来龙去脉进一步搞清楚，再做起作业来就会比较顺利。

在这个过程中，妈妈可以时不时提孩子醒一句，比如"语文课学了什么？"或者是"数学课学到了什么新公式、新定理了？"当孩子回忆完后，可以接着引导他思考：

> 课上老师都讲了哪些问题？
>
> 有没有让大家思考回答？
>
> 你有没有举手回答问题呢？
>
> 那个问题最终的答案是什么？
>
> 大家有没有理解？
>
> 你有没有弄明白？
>
> 你对哪些知识比较感兴趣？
>
> 对哪些知识已经记得很牢固了？
>
> 还有没有依然不理解的问题？
>
> ……

孩子对这些问题的思考，会让他把当天所学知识都回忆一遍，而在这个过程中，他可能还会想起其他一些边边角角、有意思的事情来，这也会让他的回忆变得更加有趣。同时，还可以建议孩子翻着教科书来思考，使他的记忆更为深刻。

这就是有效的知识"准备"工作。

另外，在正式做作业前，孩子还应该有一些物质方面的准备，比如，应该准备好要用到的各种文具、工具书、草稿纸、一杯水等。要想达到理想的效果，也需要妈做出恰当的引导。

第二步，审题。

所谓"审题"，就是要先好好读一读题目，看看题目要求做什么，有哪些条件，又有什么样的限制因素，还要仔细思考一下是不是还有其他的隐性条件或要求，要在读懂题目之后才能开始动手动脑。

有相当一部分孩子对待作业的态度非常随意，不会审题，或者不想审题，导致作业质量低下。所以，教孩子学会审题，提醒他看清题意之后再动手答题，是非常有必要的。

有的孩子对写作业还要审题这样的做法有些不理解，因为在他的认知中，似乎只有考试的时候才需要审题。但实际上，哪怕是再简单的作业题，都需要审题，这是必不可少的一步。不然，别说难题，就是简单的题目都写不对。

比如，选择题，题目要求是，"把错的选出来"，如果孩子没有好好审题，那他选择的可能就都是对的。所以，不管是多么简单的题目，也不能省略审题这一步，要先审题，然后才能开始做题。

一般来说，老师留的作业都比较有针对性，需要认真去做，需要动脑思考，审题这个环节怎么能忽视呢？尤其是那些题目本身就很长的作业题，孩子要从头至尾先将题目读下来，在读的过程中去分析题目的条件、要求，同时还要思考解答题目所需的知识点都有哪些。

另外，如果有余力，孩子还可以通过审题去思考题目所考查的是哪一个知识点，考查的目的是什么。

总之，只有将题目审透彻，看清楚题目到底是要求做什么，然后才能开始解答，不然呢，如果太着急，难免会"欲速则不达"。

还有一点也需要提醒孩子，审题不是"相面"，虽然需要去审题，但也不能为了审题而故意拖延时间，只要能弄明白题目在说什么，在要求什么，题目就已经算是审完了，就可以开始做题了。

第三步，解答。

经过准备，也认真审了题目，下面就开始解答题目，也就是开始动手完成作业了。这时，孩子要将自己根据题目所做的思考用文字或者算式、计算结果等方式表现出来。

但要让孩子注意，他应该尽量保证一定的做题速度，不能太慢，要尽量做准确（但不能边做边去翻看参考答案），独立完成，既快又好才是作业的标准之一；也要保证遵循作业的规范，就是要求写多少就写多少，不能偷懒，当然作业也可以多写一些，但不能少写。

另外，解答过程要清晰，不能东一笔西一笔，要严格遵循题目条件，不能凭空捏造条件，也不能顺着自己的意思去编造结论和答案。

再有一点需要向孩子强调：写作业也应该先易后难，先做容易的题，然后再做难题，如果遇到一道比较不好做的题，经过几番思考之后发现都无法解答出来，那就先跳过去继续做其他的题目，等到其他题目都做完了再返回来做那道难题，没准儿经过其他题目的思维转换，再看这道难题就能有思路了。

还要提醒孩子：既然已经决定跳过这道题了，那在写其他作业时就要保持专心，不要一边写，同时还想着没有解答出来的那道题，否则思路就会不清晰，不仅那道难题做不出来，眼前题目可能也解不好。所以，如果决定要跳过那道题，那就也让思路也随之跳出来，赶紧集中精神去解答下一道题才是。当然孩子最后还要记得再跳回去，他要有这个意识：将难题留到了最后去做，就一定要记得去做。可以教他在难题上做标记。写完作业后还应该安排检查时间，在检查时如果发现还有题没有做，要及时弥补。

第四步，检查。

前面讲过"检查作业"这个话题，这里再借着"作业四步法"对"检查"这一步做一个简单的补充，主要是教孩子怎样进行自主检查。

写完作业后的检查是一个十分重要的步骤，其意义如下：一来查清楚作业是不是都做到了、做完了；二来检查作业做得怎么样，是不是有错误；再有就是看看自己的解答过程是不是还有遗漏的地方；或者是不是还能有更好的解答方法；最后借由检查，还可以归纳一些学习方法，以备日后复习时使用。

检查，是一个需要孩子保持耐心、细心、专心的过程，要耐得住性子，把自己已经做过的题目再好好看一遍，如果有可以归纳出来的知识点，可以随手记录下，这比以后复习时再重新归纳要省力得多。

在教孩子检查作业方面，我总结了以下几个要点：

第一，检查作业题目的完整性和准确性。先看看作业题目是不是抄对了，或者有没有抄完整，确保题目的准确性与完整性。

第二，检查解答的格式、步骤与答案。解答是不是准确，有没有少做一步，有没有出现运算错误或书写错误，答案是不是符合计算过程要求，是不是合理、合乎常识……

第三，重点检查曾经遇到过障碍的地方。对于孩子来说，不是每一次作业都能顺利地、没有任何障碍地做下来的，总会有一些做不出来的题目。对于这样的地方，应该重视，最好是多做几遍。实际上，凡是拿不准的题、错题，都应该重做，重做时注意，多看几遍原题，多注意已经用到的公式、定理或者其他方面的知识，检验最终结果是否正确。

第四，这个检查是广义的，包括对作业的"善后"工作，也就是检查完作业后，及时清理书桌、整理书包、准备第二天的物品，第二天要上什么课，用什么书，是否需要什么特殊工具，比如，画笔等可能需要自带，都需要孩子认真对待，以保证准备时的准确无误。可以建议孩子准备一个专门的小本子，可以记录作业，也可以记录第二天要带的东西。随时对照，从而避免各种丢三落四的情况发生。这种检查可以再进行两遍，一是睡前检查，二是第二天出门前检查。经过这些检查，大概也就能万无一失了。

我想，经历了准备→审题→解答→检查这四步，才是一个完整的做作业的过程。最开始的时候，我们可以帮孩子把做作业的步骤分解开来，并且给予一定的示范或指导。而随着孩子的成长，就要培养他自己养成一个良好的做作业的习惯，让他自己也能采取这样的"四步法"来独立完成自己的作业。

最后，祝你的孩子写作业和学习都能更高效、更轻松，取得更好的成绩！